旅游书架

行程精确 资讯贴心 双语地图

线路百搭 让你7天 玩转希腊

希腊
一周游

第2版

《亲历者》编辑部 编著

中国铁道出版社
CHINA RAILWAY PUBLISHING HOUSE

图书在版编目（CIP）数据

希腊一周游／《亲历者》编辑部编著 .—2 版 .— 北京：中国铁道
出版社，2016.6

（亲历者）

ISBN 978-7-113-21722-8

Ⅰ.①希… Ⅱ.①亲… Ⅲ.①旅游指南—希腊 Ⅳ.①K954.59

中国版本图书馆CIP数据核字（2016）第087823号

书　　名：希腊一周游（第 2 版）
作　　者：《亲历者》编辑部 编著

策划编辑：聂浩智
责任编辑：孟智纯
编辑助理：杨　旭
版式设计：袁英兰
责任印制：赵星辰

出版发行：中国铁道出版社（北京市西城区右安门西街 8 号　邮码：100054）
印　　刷：北京顶佳世纪印刷有限公司
版　　次：2015 年 2 月第 1 版　2016 年 6 月第 2 版　2016 年 6 月第 1 次印刷
开　　本：660mm×980mm　1/16　印张：15　字数：300 千
书　　号：ISBN 978-7-113-21722-8
定　　价：48.00 元

　　说起希腊，女人可能会想到浪漫而盛大的海边婚礼；男人可能会想到令人热血沸腾的奥运会；孩子可能会想到充满神秘色彩的希腊神话；老人则可能想到阳光下古希腊遗迹的明媚光圈……希腊，就是这样一个能给人带来幸福感的国度。

　　关于爱琴海，关于爱情，千百年来人们一直用诗歌去吟诵，用影片去记录。或许因为"爱琴"和"爱情"听起来相似，所以恋人们愿意相信，这里是能给爱情带来美好祝愿的地方。白色的小屋，柔软的沙滩，湛蓝的天空……爱琴海的景致让期待幸福的人们魂牵梦绕。

　　奥林匹克运动会这个国际体育盛事似乎已经影响到了人们生活的方方面面。当古希腊人举办第一届奥运会时，谁也不会想到这个最初小小的比赛，经过薪火相传竟有了这样的魔力。当圣火在奥林匹亚点燃，人们总会想到那句催人奋进的格言：更高、更快、更强！

　　如果要讲一个最有人情味儿的神话，那非希腊神话莫属。希腊神话似乎一直相信"金无足赤，人无完人"。所以这里的众神并非完美无瑕，他们也有着跟人类一样的小缺点。也许正因如此，他们才没有那么让人难以接近。千百年来，神话中的众神在文学、历史、哲学等各类著作中保存下来，也在诸多神庙中让人们见识到了古希腊人对他们的信奉与崇拜。

　　走进希腊的每一个城市，你几乎都能在其中找到历史的遗迹。雅典卫城、德尔斐遗迹、迈锡尼遗址……这些或完整或残存的遗迹，向人们述说着希腊所经历的沧桑与变迁。如果你不亲自到这里，是难以想象这片古老的土地究竟承载了多么厚重的历史。

　　本书就是一本带你充分领略希腊风情的书，本书以一周为周期，以旅行者的视角谋篇布局：开篇详细介绍了旅行前的计划、准备、出发及返回的实用攻略；正文则分为希腊中北部一周游、爱琴海及周边一周游、希腊中部一周游3部分，以旅行线路串联雅典、塞萨洛尼基、克里特岛、伯罗奔尼撒半岛等著名旅游目的地，将行程安排具体到每小时，并充分考虑到吃、住、行、购等细节，从而使整本书具有很高的实用价值。如果你有一周的时间游玩希腊，带上这本书会让你的希腊之行变得充实而轻松。

目录 CONTENTS

导读 畅游希腊，只需一周

导读 畅游希腊，只需一周

计划

一周时间能去哪

希腊旅游资源丰富，如果想用一周时间游览整个国家不太现实。可以把希腊分成3个部分，即希腊中部一带、爱琴海及其周边一带、希腊中北部一带，选择某一区域，然后用一周时间将这个区域玩遍。建议制订一周游旅行计划，例如：如何用一周时间玩遍爱琴海及其周边一带。有了合理的计划，就可以付诸行动了。为了不走马观花，在出发前，可以把每个区域的主要景点一一列举出来，例如：塞萨洛尼基的主要景点有拜占庭文化博物馆、白塔、马其顿奋斗史博物馆、圣索菲亚教堂等。

一周游希腊路线概览			
目的区域	**游玩城市**	**区域特色**	**行程安排**
希腊中北部	雅典、德尔斐、塞萨洛尼基	希腊的这三座城市都有着悠久的历史，城中到处可见历史留下的痕迹，你可以在有千年历史的遗迹中感受古老而沧桑的气息	在希腊中北部旅游最具历史感的路线是"雅典—德尔斐—塞萨洛尼基"；如果时间够多的话，可以再去哈尔基季半岛游玩一番；如果时间比较紧，则可以不去塞萨洛尼基直接前往迈泰奥拉
爱琴海及周边	罗德岛、克里特岛、基克拉泽斯群岛	爱琴海及其周边是希腊最具浪漫气息的地区。这里的碧海蓝天、完美落日、柔软沙滩和别致的风车吸引了来自世界各地的游人	在希腊旅游中最浪漫的路线非"罗德岛—克里特岛—基克拉泽斯群岛"莫属；如果时间比较宽裕，可以再前往罗德岛附近的锡米岛；如果时间不够多，可以不去罗德岛和克里特岛，而是选择到基克拉泽斯群岛的米洛斯岛、纳克索斯岛玩两天
希腊中部	萨罗尼克群岛、伯罗奔尼撒半岛	萨罗尼克群岛和伯罗奔尼撒半岛像是安静而睿智的老者，在喧闹的旅游热门地区旁静静伫立。只要你走进这里，你一定会被这里安静的氛围所吸引	"萨罗尼克群岛—伯罗奔尼撒半岛"是希腊古老而安静的旅游线路；如果想多了解一些，还可以去较远的科孚岛玩一天；如果时间不够，则可以不去萨罗尼克群岛，而去有"东方之花"之称的扎金索斯岛

▲ 希腊旅行行程示意图

一周需要多少钱

　　希腊的旅游业比较发达，旅行消费在淡旺季有很大不同，尤其在罗德岛、克里特岛、基克拉泽斯群岛等热门旅游地区。旺季风景优美，一般来说选择旺季出行的人比较多，所以这里是根据旺季的消费水平进行的预算估计。当然，由于每个人的经济水平不同，要求不一样，所以预算也会不同，你需要根据自己的需求准备足够的钱。一般情况下，至少需要准备3万元人民币才可以让你的希腊之旅比较自在。

　　下面列出去希腊旅游，从开始准备到行程结束的全部费用列表供参考，表中的货币单位是换算后的人民币，你可以根据这个表格估算自己的旅程费用。

希腊旅行费用预算（货币单位：人民币元）			
项目	类型	费用	备注
护照	首次签发	200元	照相服务：35元；复印服务：1元
	换/补发	220元	包括到期、失效换发，损毁、被盗、遗失补发等
签证	申根签证（3个月）	438元	438元只是申请签证的费用，如果需要邮寄等其他服务还需要另外付费。关于更多希腊签证详情，可访问希腊签证申请中心网站：gr.vfsglobal.cn
行李	需添置物品	酌情而定	如行李箱、防晒霜、插头转换器等平时不常用行前需添置的物品

项目	类型	费用	备注
机票	往返联程	8000～11000元	至少提前一个月关注票价，如果行程已定可买好往返票，这样能保证有票，还能享受较多优惠；表内是经济舱的价格，已包括税费
住宿	热门旅游城市	约700元/天	在雅典、克里特岛、圣托里尼岛等地的住宿费用比较高，条件不错的酒店价格要在700元/晚左右，如果想要住经济一点的旅馆，可以找当地的民宿或者住在离景区稍远的地方
	其他旅游城市	约500元/天	在伯罗奔尼撒半岛等相对不那么热门的城市，住宿费用也会低一些，每天500元左右就可以住个中档的酒店
饮食	快捷餐厅	约60元/餐	在希腊饮食的费用差别比较大，如果你只是吃个便捷的快餐，60元左右就可以吃饱
	中高档餐厅	约200元/餐	希腊餐厅的档次也有很多，如果选择环境比较好，菜品丰富的中高档餐厅，一餐需要准备280元左右
市内交通	出租车	20分钟的路程约60元	希腊各地出租车费用差不多，起步价约为20元，节假日、深夜可能价格会高一些，20分钟的路程大约花费60元
	公交、地铁	一次7～50元	希腊的地铁还没那么普及，只在雅典有，一般在6元、7元；公交车是各地最常用的公共交通方式，根据路程不同费用也不一样，如果去较近的地方在7元左右，去较远的地方在50元左右
	驴	从港口到旅馆约120元	在希腊某些地方以驴作为交通工具，如果使用驴将你的行李从港口送到旅馆，费用约为120元
	小船	从市区到景点100元左右	希腊岛屿、沙滩众多，去往这些地方很方便的交通方式之一就是乘坐小船。就一般距离来说，从市区到沙滩如果乘坐小船，花费会在100元上下
购物	羊皮制品	一双羊皮凉鞋约150元	希腊的羊皮制品非常出名，这里的皮革制品货真价实，价格比国内便宜许多。一双羊皮凉鞋一般来说150元就能买到
	橄榄油	约35元/升	希腊遍植橄榄树，因此是购买纯正橄榄油的最佳国度。一般特级初榨的橄榄油约35元/升
	手工艺品	约100元/件	同其他旅游胜地一样，希腊也有着各式各样的手工艺品，比如希腊的绣花制品、雅典的仿古制品、伊兹拉岛上的小工艺品等。一件小型的手工艺品通常在100元左右
	开心果	约100元/千克	开心果是埃伊纳岛上的特产，在岛上各地都能看到出售开心果的小摊。这里的开心果吃起来很香，价格也很公道，约100元/千克
	Folli Follie配饰	一个手镯1000元左右	Folli Follie是1982年在希腊创立的品牌，产品以针对白领的各种时尚配饰为主，如首饰、手表等，在当地买一个Folli Follie的手镯在1000元左右
	天然海绵	约10元/块	爱琴海是优质的天然海绵产地，海上每一座小岛上几乎都有卖这种土黄色的海绵。天然海绵方便携带，又非常实用，10元就能买到一小块
娱乐	看戏剧	2000～4000元/场	希腊人对戏剧有一种痴迷，这里剧场众多，戏剧历史悠久。看戏剧也成为希腊旅游颇具特色的一部分，票价根据戏剧内容、场地的不同而不同，一般在2000～4000元
	潜水	约300元/天	希腊有着众多适合潜水的区域，简直就是潜水者的天堂。你可以深入蓝色的海底，近距离接触那些干净的沙石、漂亮的游鱼

项目	分类	费用	备注
娱乐	帆板	约120元/小时	爱琴海上也非常适合帆板运动，在海上的各个岛屿上都能租到帆板，一般约为每小时120元。爱琴海上进行帆板运动最好的地方之一就是帕罗斯岛的金色海滩
	帆船	约150元/小时	帕罗斯岛上的金色海滩也是帆船运动的最佳地点之一，另外还有伊奥斯岛上的Mylopotas海滩也受到很多帆船运动爱好者的喜爱
景点票价	遗迹	约80元/处	希腊有着各种各样的古城遗迹，而且基本都是收费的，不过遗迹中的景点比较集中，你可以购买联票参观
	其他景点	约40元/处	希腊的其他景点还有博物馆、沙滩、特色小镇等，博物馆一般都需要门票，特色小镇多为免费的，而在沙滩上需要租遮阳伞等设备

通过以上表格可以看出，在希腊旅游，花费还是比较高的。希腊的景点比较分散，城市与城市之间、城市与景点之间距离比较远，所以交通费用比其他旅游国家要高。即使除去来回的机票，至少也得需要17000元人民币才能玩得比较好。

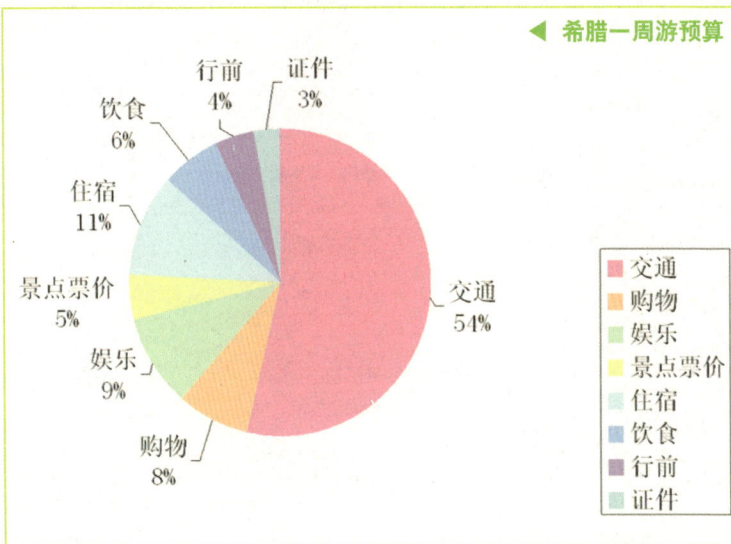

▶ 希腊一周游预算

交通 54%
购物 8%
娱乐 9%
景点票价 5%
住宿 11%
饮食 6%
行前 4%
证件 3%

图例：交通、购物、娱乐、景点票价、住宿、饮食、行前、证件

项目	交通	购物	娱乐	景点票价	住宿	饮食	行前	证件
金额（单位：人民币元）	17000	2500	3000	1500	3500	2000	1300	900

一周如何自助游

如今，自助游的旅行方式越来越受人青睐。去希腊旅行，既可以选择全自助游的方式，也可以选择半自助游的方式。

若选择全自助游的方式，可以根据个人喜好选择游玩地点，自己安排时间。需要注意的是，在去希腊之前，要查阅大量与希腊相关的资料，然后制订一周游旅行计划。计划弄好之后，要自己预订机票和住宿地。

若选择半自助游的方式，可以跟团去希腊，这样就可以减少一些准备工作，能够轻松一些。选择半自助游，可以由旅行社代理预订机票和住宿地，也可以自己预订，应根据个人情况选择更为合适的方式。

自助游如何选择舒心住宿

如果你已经打算自助游览希腊，首先需要考虑的事情就是找个什么样的住宿地。对于在白天看过了很多风景的你来说，一个舒适、可心的住宿地将是这一天最完美的句号，所以在出发之前有必要好好了解在希腊住宿的几种类型。

尽管希腊有一些奢侈的豪华酒店，但是数量并不太多，而且自助游的旅客很少选择这种酒店，所以这里不予讨论。在希腊，经济型酒店是自助游旅客最常见的选择之一，这里设施比较齐全，舒适而便捷；民宿也是旅游热门地区的特色住宿地，当地居民多在旅游旺季把家中的一间租出去，在这里你能更好地了解当地风情。除此之外，希腊的许多城市还有独具特色的露营地，这些露营地档次不一，但是周边景色都非常美丽，可以让你最近距离地接触大自然。以下表格列出了这几种住宿地的特点。

希腊常见住宿类型的特点				
酒店设施	经济型酒店	青年旅舍	民宿	露营地
电梯	配备电梯，免提重物	可能无电梯，楼层不高	楼层通常不高，也用不着电梯	没有电梯
床型	单独的大床或双床房	有单人房，通铺、上下铺	一般有各种类型的房间	气垫床，可自己租一个帐篷
卫生间	独立卫生间，可淋浴	共用大卫生间，可淋浴	大卧室可能有独立卫生间	公共卫生间
家电	一般提供电视、电话	电视在客厅或交流室	客厅里有电视；大卧室也可能有	一般没有家电，可能有插座
网络	通常提供免费宽带	房间内通常无宽带	多数会有宽带	公共区域可能有无线网络
清洁	定期整理房间的服务	退床后有人整理	需要自行整理	多需要自行整理
早餐	大多提供早餐	早餐可自制，需收拾餐具	通常可以自制早餐	通常可在露营地内的餐厅用餐
空调	提供空调	一般没空调，可能有风扇	根据情况配备空调	没有空调，可能有风扇
热水	一般提供热水	一般厨房可自行烧热水	可以自己烧热水	如果有公共厨房可以自己烧热水
价格	价格相对较高	房间床位越多越便宜	价格居中	价格较低
游客间互动	酒店前台可交流	公共区域可交流	可与当地人交流	多有公共娱乐设施，公共区域可交流
厨房	不能自制午餐、晚餐	有厨具，可节约餐饮费	有厨具，可以自己制作食物	可能有公共厨房
活动	一般没有旅游相关活动	定期举办各种活动	一般不组织活动	一般不组织活动
位置	不一定在热门景点附近	多数位于热门景点附近	不一定在热门景点附近	多在风景优美且安全的地区

通过以上表格可以看出，每种住宿类型都有各自的优缺点，你可以根据自己的需要进行选择。如果你想要在景区待比较长的时间，对住宿要求不是太高，又喜欢与人交朋友，可以选择民宿或青年旅舍；如果你对住宿的要求比较高，想要住得舒适便捷一些，可以选择经济型酒店；如果你想最近距离地接触大自然，对新鲜事物充满了好奇心，那不妨在露营地租一个帐篷。其实，无论选择哪一种住宿方式，适合自己的才是最好的。

自助游如何更省钱

如果选择自助游，方方面面的事都要考虑到。在外旅行，吃、住、行、购都需要用钱，只是每个人的需求有所不同，有的人在美食上从不将就，有的人则想要住得舒心一点。那么，如何节省开支，让每一分钱都花在刀刃上，就成了你出行必须考虑的问题。下面是一些关于如何省钱的建议，你可以根据自己的需求有侧重地进行选择。

自助游省钱窍门	
省钱方法	细节
制订旅行计划	出门前选择有兴趣的目的地制订旅行路线，防止景点重复和交通浪费
巧用时间差	提前购票，这样优惠就比较多；白天观光夜晚出行，可以省下一笔住宿费用
带上信用卡	带现金比较容易丢失，建议带上信用卡，既方便，又能攒积分
以步代车	对于距离比较近的景点，如果体力可以，尽量选择健康环保的步行方式，这样能节省不少交通费用
在景区外食宿、购物	景区内的食宿一般都贵，可以中午携带方便食品先垫垫，出了景区再找食宿；景区内的纪念品价格也比较高，可以去特色街区购买便宜而有纪念意义的物品
货比三家	在一些热门景区的小商店，许多纪念品的标价都比较高，这时你要货比三家，并学会适当砍价。不过在一些规模比较大的商店，已经明码标价的商品则不能砍价
自驾时带够食物	如果你选择的是自驾游的话，可在出发前去超市多购买一些食品带在车上，这样既方便又经济
选择提供早餐的旅馆	如果你选择经济型酒店，注意是否包含早餐。选择提供早餐的旅馆，可以节省不少费用
网上预订机票和酒店	在你打算去希腊旅行后，应尽快做好出行计划，尽早预订机票和酒店。预订后要保持沟通，在发现降价时可以要求供应商提供折扣，这样你越早预订，就能享受越多的折扣
结伴出游	如果可能，建议尽量结伴出游，这样不仅能有个照应，在住宿、出行时彼此也都能省下一些费用
游客间互动	多有公共娱乐设施，公共区域可交流
巧用厨房	在民宿、青年旅舍等住宿地可能有公共厨房可以在市场买菜做饭，省钱又能吃到美味

一周如何自驾游

希腊的景点比较多，较为分散，且很多景点距离市区较远，因此在希腊自驾游是不错的方式。租好车子之后，要先制订自驾线路。在希腊中部、希腊中北部自驾，可以近距离地欣赏当地的自然风光，了解当地的人文。建议提前安装手机APP，例如谷歌地图，这样随时都可以查询线路。

自驾游租什么车

在希腊租一辆车旅游，可以自由地选择自己喜欢的路线和景点，时间安排起来也比较自由，可以说是好处多多。不过在一些小岛上，街道比较窄，游人也比较多，这时候租一辆汽车远不如租一辆摩托车或者自行车来得方便。当然，如果要去位置比较偏僻的古老遗迹，租一辆汽车出行是最便利的方式。以下是希腊几家人气比较高的租车公司的信息。

希腊部分人气租车公司			
名称	地址	网址（中文）	简介
安飞士租车（Avis）	Athens Airport 5th Klm Spaton-loutsas Av	www.avis.cn	Avis租车公司在希腊境内各主要旅游城市都设有租车地点，取车还车比较方便
Europcar	Eleftherios Venizelos Airport	www.europcar.cn	Europcar租车公司是欧洲最大的汽车租赁公司，这里有各种车型可以选择
赫兹租车（Hertz）	Eleftherios Venizelos Airport	www.hertz.cn	Hertz租车是全球最大的汽车租赁公司，在世界各地都设有门店

租车注意事项

中国游客在希腊租车时，需要注意以下几方面的内容。

希腊租车注意事项	
事项	详细
行驶方向	希腊同国内一样，靠右行驶，左舵车
租车价格	租车时最好在大城市租，这样可选择性较多，对比一下各家的价格、服务等，有更大的选择空间
年龄要求	希腊规定最低驾驶年龄在18岁，不过多数希腊租车公司要求客户年龄在21岁以上
携带证件	在希腊租车时需要出示护照、中国驾照、驾照翻译件或国际驾照，还要记得带上信用卡，信用卡必须在主驾驶人名下
驾照	我国公民在希腊租车时，需要提供中国驾照原件和驾照公证翻译件或国际驾照，但是目前我国大陆公民不能申请到有效的国际驾照，所以最好提前在国内将驾照做一下公证。如果持英文公证件，请提前确认租车行是否接受英文公证件
签订合同	租车一定要找正规的租车公司，签订有效的租车合同，要注意合同上的各个细节，并且在签订之前要求公司工作人员陪同看车
拿上名片	离开租车公司的时候，别忘记拿一张店里的名片，可以在迷路或者出现需要救援的情况下，第一时间联络到租车公司
购买保险	在租车的同时要注意买份保险，在陌生的环境中更容易出现各种小麻烦，这样能够避免出现意外情况时自己手足无措。购买保险时要注意保险中所覆盖的状况
押金	通常提车时租车公司会在主要驾驶人的信用卡上冻结一定的金额，作为安全押金。租车结束后，租车公司会核实在你的租期内是否有违章等行为，安全押金通常会在你还车后一个月左右返还
GPS导航仪	在希腊自驾，一定要有一个导航仪，可以用ipad导航，也可以租一个中文导航仪
副驾作用	副驾最好懂开车，能帮忙指路；专业的GPS有语音播报(ipad没有)，即使有语音，在稍微吵一点的路段也听不清楚，副驾驶可以帮着指路
加油	在希腊，汽油的价格约为1.3欧元/升
路况	希腊部分市区路标有英文，其他多为希腊文。小岛上有很多碎石路，所以驾车时一定要谨慎
停车	在希腊的多数停车位是免费的，有的需要收费
其他	在激烈的竞争下，有的租车公司可能不需要驾照公证件，但是一旦出现事故，还是需要公证件的，所以最好提前准备好

租车价格

在租车之前，最好能够了解下不同车型的大致价格，然后再根据自己的实际需求选择最适合自己的车型。

希腊部分车型租车价格表	
车型	价格
迷你型	60～80欧元/天
经济型	70～90欧元/天
紧凑型	140～150欧元/天
中型	170～200欧元/天

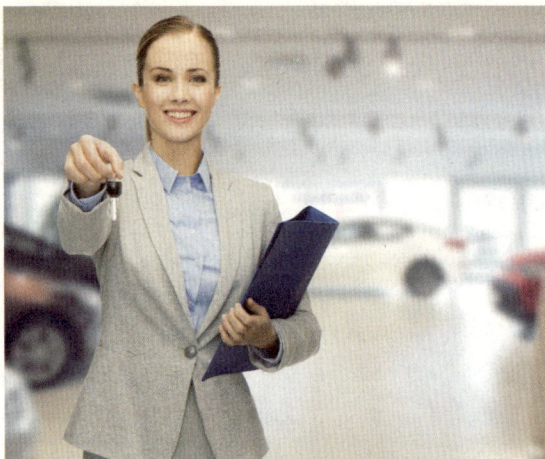

Tips

在希腊的许多地方，租车处也能租到摩托车，尤其在爱琴海的小岛上，租一辆摩托车比汽车更加方便灵活，租金也更便宜。租赁摩托车时也需要中国驾照以及公证翻译件，骑乘时不要忘记带头盔。摩托车的租金在12～25欧元/天，租金中一般包含保险费用，不过要核实一下都包含了哪些项目。爱琴海诸岛上面路况较差，租赁摩托车时最好选择轮胎剖面比较宽的那种。

一周如何跟团走

除了自助游、自驾游，你还可以参加旅行团畅游希腊。跟团游可以让你不必担心自己的语言能力，也不用操心吃、住、行等方面的事情，而且在景区会有人陪同介绍。这种方式适合那些经济比较宽裕，不愿自己做旅行计划的人。

熟悉各大旅行社情况

目前，国内旅行社的报价可以分为2种：一种是全包价，即包括了旅行途中食、宿、行、游的全部费用；另一种是小包价，即只包含了旅行途中的一部分费用。

如果你打算跟团旅行，首先要熟悉各旅行社的情况。这期间你最好多了解几家旅行社，多做些前期的咨询和调查，真正做到货比三家。在选择旅行社时不要轻信旅游广告，也不要一味只看价格，因为价格与旅游商品的内容、质量是联系在一起的，要注意比较价格构成，看看是否物有所值，避免因直观价格过低而上当受骗。尽量选择正规的、大型的旅行社，这样能有更大的保障。

比较旅行团质量时，要考虑以下因素：1.行程安排，要看行程安排是否与自己预想的一致，是否包含了自己想去的大部分景点；2.费用内容，查看报价中包含了哪些费用，是否需要额外费用；3.服务细节，服务细节包括了往返时间、交通工具、酒店、用餐、景点票价等的支付，细节虽小，却直接影响到一次旅行的质量。

报名时最好到各大旅行社的总部报名，这样可以防止一些代理的旅行社和大旅行社相互推卸责任。国内有影响力的旅行社有中国旅行社（简称"中旅"）、中国国际旅行社（简称"国旅"）、中国康辉旅行社、中国青年旅行社（简称"中青旅"）、锦江旅行社、春秋旅行社、广州广之旅国际旅行社（简称"广之旅"）、中信国际旅行社等。

国内部分旅行社相关信息			
旅行社	地址	电话	网址
中国旅行社总社(上海)	上海普陀区长寿路868号港中旅大厦9楼电子商务部	4008-600716	www.shanghai.ctsho.com
中国国际旅行社（北京）	北京市朝阳区建外大街28号旅游大厦701室	4007-705766	www.citsbj.com
中国康辉旅行社（北京）	中国北京市朝阳区农展馆南路13号瑞辰国际中心15层	4006-140031	www.cct.cn
中国青年旅行社海光寺总部（天津）	天津市南开区南京路349号新天地大厦1803室	022-58286688	www.aoyou.com
锦江旅行社（上海）	上海市长乐路400号503室	021-10101666	www.jinjiang.com
广州广之旅国际旅行社潮阳门市部	汕头市潮阳区文光办事处水门直街区招待所商住楼108号铺	0754-89966166	www.gzl.com
中信国际旅行社（天津）	天津市河西区南京路10号丝绸大厦2层	4006-806688	www.citictour.com

跟团游注意事项

当你跟旅行社签订合同时，需要认真阅读合同的条款，不懂的地方要及时确认，防止日后出现责任不清的状况。如果你报的是低价团，要对食宿等做好心理准备，这些方面可能会比较差。

跟团游的时间相对不那么自由，最需要注意的是要有团队观念。对于一个景点，不要随心所欲地待很久，也不要离团队太远，以免脱离团队。

旅游网站推荐

常用旅游网站	
网站名	网址
携程旅行网	www.ctrip.com
去哪儿网	www.qunar.com
途牛旅游网	www.tuniu.com
艺龙旅行网	www.elang.com
驴妈妈旅游网	www.lvmama.com

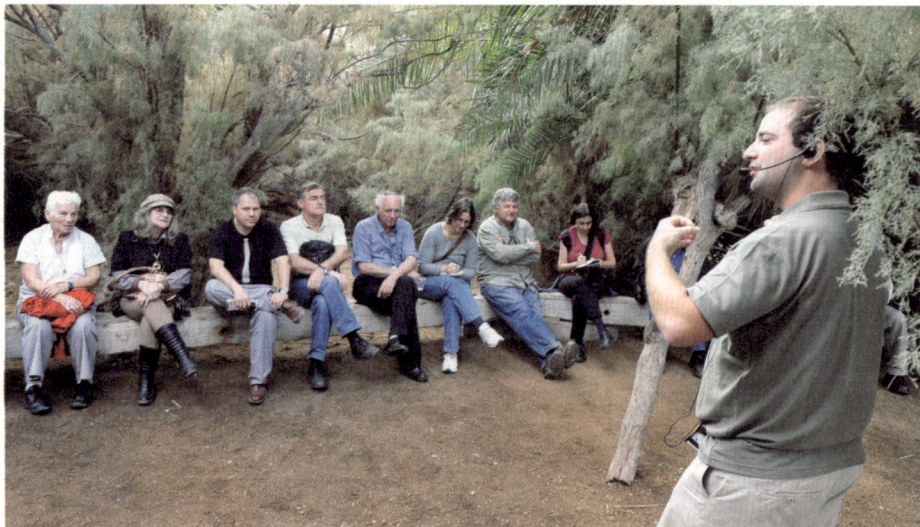

准备

3个月前需要做哪些准备

办理护照

护照是游客在国外证明自己身份合法的证件，想要出国旅行，第一个需要办理的证件就是护照。办理护照需要一定的时间，如果你之前没有护照，建议你在旅行前3个月就开始着手办理护照。

护照办理步骤

① **领取申请表**

有两种申请方式，所以有2种领表方式：

1.现场办理，携带本人身份证、户口簿到居住地或户口所在地的县级和县级以上的派出所、公安分局出入境管理部门或者参团旅行社领取申请表

2.从当地公安局官方网站上下载并打印

② **提交申请表**

提交本人身份证及户口簿等相应证件

填写完整的申请表原件

2张免冠彩色照片（需在出入境管理处或者是他们指定的照相馆照相）

提交护照工本费200元和35元照相费

Tips：

北京、上海等地已经使用《中国公民出入境证件申请表》办理护照，并且需要采集指纹；其他省市陆续执行。

网址：www.bjgaj.gov.cn/web/detail_getZwgkInfo_44427.html

③ **领取护照**

审批、制作和签发护照需10～15个工作日

领取护照时，可邮寄也可自取

回执上需标明取证日期3个月内领取证件，否则公安局出入境管理处将予以销毁

Tips

希腊签证是申根签证，申请申根签证时会用到机票、住宿证明以及旅游医疗保险等资料，所以在办理签证之前最好将这些提前准备好。对于其他非申根国家，则可以在出发前一个月左右的时候购买机票、订酒店以及购买保险等。

预订机票

机票的价格会根据季节或预订机票的张数等不同而有所改变，一般来说旅游淡季比旺季便

宜，往返票比单程票便宜，转机比直飞便宜，提前预订也会享受较大的优惠。如果你已经大致确定好自己的行程，就可以去网上的航空订票网站上查询航班信息，准备预订往返机票了。预订成功后你可以拿往返机票的预订单去申请签证。预订机票时，如果需要中转，最好将中转地选在申根国家（具体国家见"办理签证"），这样就不需要办理过境签了。

常用航空订票网站	
航空公司	网址
汉莎航空	www.lufthansa.com
携程旅行网	www.ctrip.com
中国南方航空	www.csair.com

携程手机客户端定票步骤

① 下载客户端

你可以从官网通过宽带网络下载，也可以扫描二维码下载

② 查机票信息

输入出发时间和返回时间，以及出发机场和到达机场，就能看到往返的机票信息。通常往返的机票比单程2次的票价格便宜，所以可以把往返票一起订好

③ 填写订单

填写订单，其实没什么可填的，主要就是选个航空险，填写一下个人信息之类。手机客户端最大的好处就是极其简洁

④ 付款

付款可支持的银行卡种类很多，这里要格外提醒，尽可能不绑定银行卡，并且不要让手机记住银行卡密码；否则，如果手机丢失或者系统漏洞遭攻击，你银行卡里的钱很可能被盗刷

预订酒店

申请希腊签证需要提交涵盖在希腊停留期间的住宿证明，而且到希腊旅游的人特别多，旅游旺季更是无比繁忙，因此十分有必要提前订好酒店。一般来说，越贵的酒店地理位置越好，交通越是便利，酒店设施也会比较好。想要订到性价比高的酒店，越早预订越好。以下推荐几个网站，大家可根据自己的实际情况进行预订。

常用预订酒店网站	
预订酒店网站	网址
雅高达网	www.agoda.com
缤客网	www.booking.com
携程网	www.ctrip.com
Lateroom网	www.laterooms.com
好客邦	www.hotelclub.com

办理旅游保险

如果不是去往申根国家，在出发前一周办理保险即可。希腊是申根国家，在申请申根签证时需要提交旅游医疗保险。以下是对旅游医疗保险的一些具体要求。

旅游医疗保险要求	
项目	要求说明
地域	旅游医疗保险须在所有申根国家有效
时间	旅游医疗保险必须覆盖整个逗留期
	由于时差的原因，建议购买的截止日期至少超出预计离开申根区的日期1天
	如在购买保险时还不确定旅行日期，也可购买一定时间段内有效的一定天数（如2016年1月1日至2016年6月30日期间入境后30天有效）的医疗保险。一些保险公司提供这种灵活的保险服务
保险金额	旅游医疗保险的保险金额不得低于30000欧元
保险内容	旅游医疗保险必须包括由于生病可能送返回国的费用及急救和紧急住院费用
	对明显容易生病、有明显病史或者已怀孕的申请人，须对投保的数额提出更高的理赔要求或额外购买相应的保险理赔项目
办理地	旅游医疗保险可由签证申请人在其居住国办理或由邀请人在旅游目的国办理
	若保险公司的总部不在申根区，那么该保险公司必须在申根区内有联络处且能够受理索赔申请
其他	如果旅行以就医为目的，除提交旅行医疗保险外，还必须另行提交就医治疗费用的承担证明

保险导购网站

现在网上有不少保险导购网站，你可以通过这些网站选择适合自己的境外旅游保险。平安保险、人寿保险、太平洋保险、泰康人寿保险等都是值得信赖的保险公司。

常用保险导购网站	
网站名	网站名
新一站保险网	www.xyz.cn
慧择保险网	www.hzins.com
开心保网	www.kaixinbao.com
择优100网	www.zeyou100.com

办理签证

准备好护照、机票预订单、住宿预订证明以及旅游保险之后，就可以准备申请希腊签证了。希腊是申根国家，去希腊旅行只需办理申根签证就行了。持任一国家的申根签证，可以自由进入申根国家。申根国家包括奥地利、比利时、芬兰、法国、德国、希腊、匈牙利、冰岛、意大利、荷兰、挪威、波兰、葡萄牙、西班牙、瑞典、瑞士等国。

如果申请希腊申根签证，可前往各区域的希腊签证签证中心办理，希腊签证申请中心经希腊驻华使馆授权，代表其受理签证申请，但是该申请中心只负责受理申请，对签证结果无决定性权利。以下是各地区签证中心的具体信息。

希腊签证中心信息				
签证处	地址	网址	辖区范围	电话
北京希腊签证申请中心	北京市朝阳区工体北路13号院1号楼702室（海隆石油）	gr.vfsglobal.cn/beijing	北京、天津、河北、河南、湖北、青海、甘肃、新疆、西藏、内蒙古、宁夏、陕西、山西、湖南、四川、重庆、黑龙江、吉林、辽宁、贵州和云南	010-84059490
上海希腊签证申请中心	上海市黄浦区四川中路213号久事商务大厦3层	gr.vfsglobal.cn/shanghai	山东、江苏、安徽、浙江、江西和上海	021-51859718
广州希腊签证申请中心	广州市天河区体育西路189号城建大厦3楼338室	gr.vfsglobal.cn/guangzhou	广东、福建、海南、广西	020-38629771

签证申请步骤

需要用英文填写的希腊旅游签证申请表

① 了解办签证信息

访问希腊签证申请中心，浏览有关签证申请信息及所需材料及办理的步骤。希腊签证申请中心网址：gr.vfsglobal.cn。

② 准备申请材料

希腊签证申请表格、签证费以及申根签证所需材料可在希腊签证申请中心（gr.vfsglobal.cn）查找。申请希腊签证需要的材料比较多，下表已列出。

③ 递交申请材料

你可在工作日的8:00～14:30到自己户口所在地所属的相关签证申请中心提交申请，如果到非户口所在地所属的签证中心递交申请需要持有申请地签发三个月以上且有效的暂住证，无需预约。

④ 签证面试

除了递交相关材料，还需要去希腊驻华使领馆进行面试。面试官会根据你所提供的材料问一些与旅行相关的问题，诚实作答就好。如果英语无法交流，可以要求中文交流。

办理希腊签证需要准备材料	
名称	备注
申请表	完整填写并由申请人本人签字
护照	护照有效期在回中国之后不少于3个月，有不少于两页空白签证页，签发时间在最近十年之内；一份护照首页复印件，一份以往所有签证页复印件
照片	正面白底的彩色照片2张，3厘米×4厘米（大概1.2英寸×1.6英寸）
医疗保险证明	覆盖整个签证有效期，且适用于所有申根国，保额不低于3万欧元，包含紧急医疗和医疗遣返的费用
签证费	60欧元，12岁以下儿童免费，折合人民币以现金支付
服务费	签证申请中心将对每本护照收取170元人民币的服务费；快递服务60元；照相服务35元；复印服务1元/页

名称	备注
户口簿	户口簿原件及户口簿所有信息页复印件，无需翻译（该条款只适用于中国公民）
机票预订单	当申请多次入境旅游签证时，需要首次旅行的机票预订单，注意需为确认的往返机票，机票应该在签证颁发后出票付款
住宿证明	涵盖在申根国家停留的全部期间
旅行计划	能够清晰展示旅行计划的文件(如交通方式预订,行程单等)
申请人偿付能力证明（最近3至6个月的银行对账单，无需存款证明）	在职人员需出具盖章的公司营业执照复印件；由雇主出具的证明信(英文件，或者中文件附上英文翻译)，需使用公司正式的信头纸并加盖公章，签字，并明确日期及如下信息：1.任职公司的地址、电话和传真号码；2.任职公司签字人员的姓名和职务；3.申请人姓名、职务、收入和工作年限；4.准假时间，需完全覆盖本次旅行的时间
	退休人员须出具养老金或其他固定收入证明
	未就业成年人：如果已婚需出具配偶的在职和收入证明和婚姻关系公证书（由外交部认证）；如果单身/离异/丧偶须出具其他固定收入证明

　　未成年人（18岁以下）需要出具学生证以及学校出具的证明信原件，应包含如下信息：1.完整的学校地址及电话；2.准假证明；3.批准人的姓名及职位；4.复印件一份
　　当未成年人单独旅行时应出具由双方家长或法定监护人出具的出行同意书的公证书，并由外交部认证（在中国境外办理时由境外相关政府机构办理该公证），以及家庭关系或监护关系公证书，并由外交部认证。
　　当未成年人跟随单方家长或监护人旅行时应出具由不同行的另一方家长或者监护人出具的出行同意书的公证书，并由外交部认证（在中国境外办理时由境外相关政府机构办理该公证），以及家庭关系或监护关系公证书，并由外交部认证

希腊驻中国使领馆信息				
使领馆名称	地址	电话	电子邮件	网址
希腊驻华大使馆	北京朝阳区光华路9号世贸天阶17层100020	010-65872838	gremb.pek@mfa.gr	www.mfa.gr/beijing
希腊驻上海总领事馆	上海市长乐路989号世纪商贸广场3501室200031	021-54670505	grgencon.sha@mfa.gr, greekconsulate@126.com	www.mfa.gr/shanghai
希腊驻广州总领事馆	广州市天河区天誉大厦8号林和中路2105室	020-85501114	grgencon.guan@mfa.gr	www.mfa.gr/guangzhou
希腊驻香港总领事馆	香港湾仔告士打道39号夏悫大厦1208室	00852-27741682	grgencon.cg@mfa.gr	www.mfa.gr/hongkong

Tips

　　如果你只在希腊签证中心申请了申根签证，去其他申根国家也是有可能被拒绝入境的，所以这次旅行还是以希腊为主，尽量不要去太多其他的申根国家。

1个月前需要做哪些准备

准备希腊旅行行李

　　在去希腊之前的一个月就可以开始准备行李了，尤其是习惯网购的游客，这样能够留出充足的时间来补充缺少的物品。最好的办法是将所需物品列一个清单，逐个准备，然后将行李分类。当然，选择的旅游方式不同，需要准备的行李也不尽相同，这些在"出发"部分有详细介绍，可以参考。

希腊旅行行李类型	
类型	说明
证件类	打印或者复印好，用防水文件夹收起；并在邮箱里存一份电子版备用
衣物类	到希腊旅行不需要准备太多衣物，可以到达之后购买，防止行李过重
器材类	喜欢摄影、玩手机游戏的旅友，别忘记携带装备；电源转换器也必不可少
日常生活用品	平时保养、护理离不开的物品，如护霜、防晒霜、面膜等
药物类	身体不太好、常用药物的旅友，要准备足量的药物，并且开具医嘱的英文件
其他物品	尤其要准备防水的包，或者把所有重要物品用塑料袋套起。如果打算去希腊野外露营最好带上驱虫喷雾剂

注意希腊海关免税入境物品

当你准备行李时，最好能够注意一下希腊海关所规定的免税入境物品，避免携带过多行李而缴纳重税。

免税入境物品	
类型	备注
香烟	香烟200支；或雪茄50支；或100支小雪茄（每支3克）；或烟草250克；或相当量的上述烟草产品的组合
酒精	17岁以上乘客可携带酒精含量在22％以上的酒精饮料，或纯度80％以上的烈酒1升；酒精含量在22％以下的酒精饮料2升
货币	希腊对入境的外国货币、金币无数量限制，但如果携带超过1万欧元以上的现金、贵重金属应向海关申报，以免离时遇到麻烦
其他	用于个人娱乐的风帆板和自行车可以免税携带入境，每人一件，在离境时必须携带出境

7天前需要做哪些准备

开通国际漫游

如果不打算到希腊当地买电话卡的话，在出发前1周时间可以将自己的手机开通国际漫游业务，不过最好先关掉手机的语音信箱功能，否则一进入语音信箱，即开始计算漫游费用。中国手机开通国际漫游的具体资费，可拨打各运营商的客服电话进行咨询。

国际漫游资费详情					
公司	在希腊拨打希腊本地电话	在希腊拨中国大陆电话	在希腊接听电话	在希腊发中国大陆短信	在希腊GPRS漫游
中国移动	0.99元/分钟	2.99元/分钟	2.99元/分钟	0.39元/条	3元/3M
中国联通	0.96元/分钟	2.86元/分钟	0.96元/分钟	0.56元/条	5元/3M
中国电信	0.99元/分钟	2.99元/分钟	2.99元/分钟	0.39元/条	3元/3M

Tips

希腊的公用电话亭比较多，如果不开通国际漫游，到达希腊后也可以使用公用电话。电话卡在希腊的大部分报亭都可以买到，卡的面值分3欧元、5欧元、9欧元不等。使用该卡，希腊本地呼叫话费为0.3欧元/3分钟。到了希腊拨打中国电话时，应先拨国际冠码00，然后拨中国国际电话区号86，接着拨城市区号（去掉0），最后拨电话号码。如拨打北京（区号010）的号码12345678，那么应拨打00861012345678。

提前兑换欧元

希腊的通用货币是欧元，为方便入境后使用，建议在国内银行先兑换一些欧元现金。在中国的各大银行兑换欧元时需要持以下有效证件之一办理：本人身份证（中国公民）、户口簿（十六岁以下中国公民）、军人身份证件（中国人民解放军）、武装警察身份证件（中国人民武装警察）等有关法律、行政法规规定的有效证件。

除了在国内兑换欧元外，还可以购买欧元旅行支票，这样可以既方便又安全。在希腊的些酒店和餐馆，你也可以使用信用卡。

熟悉希腊神话

去希腊旅行，途中不可避免地将要接触到与希腊神话中众神有关的各种神庙。希腊神话中人物众多，关系复杂，不同人物性格不一。如果你对希腊神话还不是太熟悉，建议你提前了解一下希腊神话（如Harold Newman的《希腊神话谱系图》或本书后面专题"在希腊神话中畅游希腊"），这样在参观希腊境内众多的神庙时能够加深对景点的了解。

斯基亚索斯岛

出发

确认行李清单

出发之前，最好先核对一下所带物品和行李清单，看看是否将所需物品携带齐全，以免到了旅途中才发现有些物品忘记带了，从而造成旅途的不便。

Tips

1.将比较重要的证件（如护照、签证、身份证）等放在手提包内，一来可以方便检查，二来以免行李箱丢失造成不必要的麻烦。

2.将自己的行李箱做上特殊的标记（如贴上易于辨认的字或者画），这样在机场领取行李时，能更快地找到自己的行李，也可以避免被他人错拿。

自助游、跟团游的行李

不管你打算自助游还是跟团游，一些生活必需品都是要带的。以下针对希腊的实际情况提出一些建议，你可以根据下图准备自己的行李。

自助游的行李示意

登山包

相机

手机

平板电脑

移动电源

电源转换器

钱包

所有证件

优盘

充电线

家门钥匙

水杯

手电筒

急救药包

行李箱

风衣外套1件

长袖服装2套

运动鞋2双

短袖服装2套

贴身衣物3套

雨伞

洗漱品包

防晒霜

纸笔

拖鞋

毛巾3条

化妆包

休闲运动服

自驾游的行李

如果你打算采取自驾的形式畅游希腊，除了自助游的必备物品，你还要准备一些与驾驶有关的行李，如指南针、擦车布、最新地图等。导航仪可以在租车公司租到，驾驶证要记准备好英文翻译件。另外，还要准备一些零钱，以备停车、过收费站使用。

安装实用APP

APP软件推荐

智能手机的普及大大方便了人们的出行，尤其对于去比较陌生的地方的旅行者。所以你十分有必要在出发之前找到一款实用且有效的软件，提前在手机或平板电脑上安装好，这样在旅行途中有什么不清楚的地方可以随时拿出手机或平板电脑查询。

在苹果手机的ITunes商店，以及安卓手机的Android Market上，都可以下载到有关希腊行的APP应用。

希腊土耳其旅游大全

"希腊土耳其旅游大全"收录了希腊的雅典、圣托里尼、干尼亚等多个热门旅游城市和目的地的信息，包罗了各地的美景、美食、购物、夜生活等各方面的内容。可以通过GPS定位功能方便地定位和寻找附近的景点、餐厅和购物场所等。

大小：35.8 MB
支持：iPhone手机、iPad

谷歌手机翻译器

"谷歌手机翻译器"（Google Translate）是Google开发的在线翻译软件，支持超过50种不同语言的翻译。在这款功能强大的翻译软件中，你既可以输入语言，也可以拍照进行翻译，目前的版本还有较为完善的离线语言包。但是这个软件需要较好的网络环境，如果你在希腊旅游期间，购买了当地的无线网套餐，可以利用这个软件帮助你解决语言不通的问题。不过这里翻译一般为直译，它能帮你大概了解语句的意思，只是在语序以及润色方面还有不足。

大小：2~3.MB
支持：电脑、iPhone手机、iPad和安卓手机

希腊土耳其旅游大全

谷歌手机翻译器

收藏必用网站

在去希腊之前，最好对这个国家尽可能的多了解一些，如那里的风土人情、传统节日以及一些禁忌等，这样能让你的旅程变得更加自在。要想了解这些信息，最便捷的方式就是去权威的网站查询，下面就为准备出游的你提供一些可能有帮助的网站。

在希腊游玩必知的几个网站	
名称	网址
希腊驻中国大使馆	www.mfa.gr
中国驻希腊大使馆	gr.china-embassy.org
雅典国际机场	www.aia.gr
中国南方航空公司	www.csair.com
汉莎航空	www.lufthansa.com
希中网	www.cgw.gr
希腊留学生论坛	bbs.loveineurope.com/forum-24-1.html

保存求助电话

出国旅游，保存一些求助电话是十分必要的。所以，在你准备去希腊之前，不妨将一些应急电话备份到手机上，这样当你遇到紧急情况时就可以直接拨打电话求助。

常用的求助电话	
名称	电话号码
中国驻希腊大使馆	021–06723282
救护车	166
警察局	100
火警	199
雅典观光警察	171
克里特岛观光警察	02841–026900
纳夫普利翁观光警察	02752–028131

掌握入境技巧

与其他一些国家的入境手续不同，入境希腊时不需要填写入境卡。到达雅典的国际机场后，只需要向入境边防检查站出示本人护照，接受检查，经检查手续齐全后就可以在护照上加盖入境章了，这样入境手续就算办完了。

办理完入境手续后，要按照行李指示牌的指示，尽快到行李传送带处取自己的行李。随后到海关检查口，递上护照和海关申报表接受检查。出海关后，你才算真正到达希腊，可以开始自己的希腊之旅。

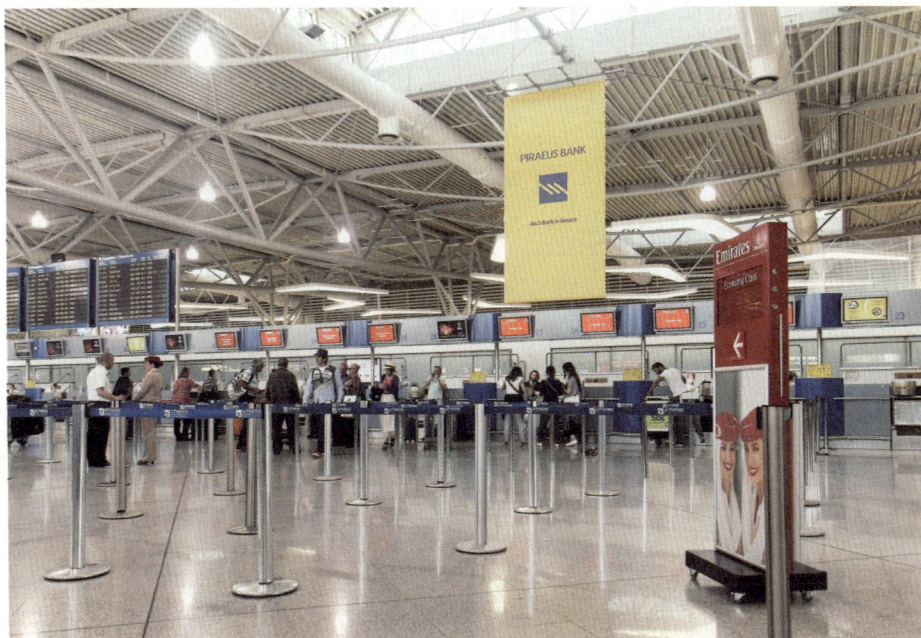

到达

在希腊吃什么

　　得天独厚的自然条件带给希腊以丰富的食材资源。新鲜的蔬菜、鲜美的水果、美味的海鲜、丰富的肉类、醇香的奶制品……这些食材在希腊厨师的精心烹制下变成了一道道富有营养而又美味无比的美食，如简单营养的蔬菜沙拉、烤羊肉、羊奶酪以及酸奶等。希腊人日常的食物中常以柠檬汁、番茄汁和橄榄油调味，清淡而不失健康。

　　希腊的旅游业相当发达，因此有许多专门面向游客的餐馆。不过景点附近的餐馆价格较高，如果想寻找一些经济实惠的餐馆，可以到居民区的小巷中寻找特色美食。

希腊特色菜肴图鉴

穆沙卡

　　穆沙卡（Moussaka）是希腊一道非常著名的美食，它是用羊肉、奶酪内裹茄子、香料、番茄等佐料一层层堆起来，细细烘烤而成，十分美味。

哆啦嘛嗒喀

　　哆啦嘛嗒喀（Dolmadakia）是用洋葱与牛肉馅炒出香味，加水后以小火炖，然后加入大米、茴香叶、薄荷叶等与柠檬片一起煮，这种颇具特色的希腊美食，美味且营养。

奶酪

　　希腊的奶酪（Cheese）十分有名，这里主要是羊奶酪。其中菲达奶酪（Fita cheese）可以说是最具代表性的特色美食，这种奶酪除了咸味，还有非常浓郁的香味。另外希腊还有Kalathaki奶酪、Batzos奶酪、Graviera奶酪等其他品种。奶酪在沙拉、烤肉等希腊传统菜肴中广泛使用。

Mastiha

Mastiha是一种希腊当地特色香料，用于很多菜肴的调味。另外，Mastiha还可用作药物，对溃疡、皮肤烧伤、湿疹等都比较有效。

茴香酒

茴香酒是希腊最有代表性的一种烈酒，现在几乎已经成为希腊社交中的必备饮品了。茴香酒饮用时常加入水和冰块，这时酒会变成不透明的白色，口感独特。

莓兹

在希腊，由肉类、鱼类、奶酪或蔬菜组成的拼盘叫做莓兹（Mezedes），其中最简单的一种就是用橄榄和羊奶干酪组成的小拼盘。人们在享用莓兹时，往往会搭配啤酒、茴香酒或希腊白兰地一起食用。

希腊小吃图鉴

希腊烤肉卷

希腊烤肉卷（Souvlaki）是先将牛肉、羊肉或者猪肉等串成圆锥状放在烤架上烘烤，然后厨师在肉上旋转切下一片一片的肉片，配以生菜、番茄、洋葱等新鲜蔬菜，放在圆饼上卷起来，最后再蘸一些由黄瓜和奶酪调制成的酱汁。

033

汤匙甜品

汤匙甜品是一种用糖水浸泡的水果蜜饯，有点像国内的水果罐头。甜品中有无花果、葡萄、杏或樱桃等不同时节的水果，是希腊非常普遍的传统甜品。

酿西红柿球

酿西红柿球是希腊的特色美食，就是把米饭和肉末塞进掏空了的西红柿里面，或是辣椒里，然后在微波炉里烤一烤。制作好的酿西红柿球味道鲜美，西红柿或辣椒的香味完全融入米饭里面。

希腊比萨饼

希腊的比萨饼（Pitta）是希腊的一种快餐，在当地非常普遍，几乎每家餐馆都有。这种比萨饼有点像我们的"发面饼"涂上橄榄油烤制而成，让人很有饱腹感。

中国游客最喜欢的餐厅

翠宫饭店

翠宫饭店（Jade Palace）是雅典当地一家中餐馆，如果你在雅典想要回味一下家乡风味的话，可以到这里来。餐厅主要提供中式炒菜，还有各种拼盘、寿司等。

地址：Kiou 2, Glyfada, Athens
电话：021-09623629

中华大饭店

这家餐厅是马来西亚华人开的，看到门脸上写着的"中华大饭店"几个汉字就有莫名的亲切感。菜带点马来西亚的味道，但对于有几天不吃中餐的中国人来说，也是美味无比。

地址：圣托里尼亚Erythrou Stavtou街

香港餐厅

香港餐厅（Hong Kong）是塞萨洛尼基的一家有着20多年历史的餐厅，在这里有一些经典的中式菜肴。12欧元就可以吃一顿丰盛的自助餐。

地址：Oplopiou 3 Street, Thessaloniki
电话：0231-0533717

京品食尚中餐厅

京品食尚中餐厅（Jing chinese Restau-rant）是被当地华人热捧的中餐厅，老板是北京人，里面的陈设非常中国风，如屏风、中国结等，菜主打川菜和京菜，那麻辣鲜香的口感，准能一解你的思乡之情。

地址：NiRis 13,Athina 105 57
电话：021-12149352

在希腊住哪里

希腊的旅游业非常发达，旅游旺季时在希腊住宿非常方便，有各种档次的酒店供你选择，但游客众多，最好提前预订。如果想要住的舒服一些，可以住星级酒店；如果想要经济实惠一些，可以选择民宿和青年旅舍；另外，希腊的许多城市还有独具特色的露营地，这些露营地周边景色都非常美丽，可以让你最近距离地接触大自然。到了淡季，许多酒店、旅馆都会降价，但是也有一些旅馆会歇业，到时候住宿可能没有那么方便。

希腊住宿图鉴

星级酒店

希腊的星级酒店可以分为很多档次，根据档次的不同，房间的大小、设施的完备性以及酒店的环境有所不同。其中有一些建在海边的豪华酒店，不仅设备高档，环境高雅，还能欣赏到美丽的海边景色。在星级酒店，房间的价格一般都会在门后明确标示，所以不必担心乱收费的情况。

Tips

希腊酒店一般在14:00入住，在中午12:00以前退房。如果提前到达酒店，可请酒店工作人员先将行李放在行李区，然后出去吃个饭或者逛一逛，等到可以办理入住手续时再回酒店办理。

特色旅馆

在爱琴海比较热门的岛屿上有一些独具特色的旅馆，如米克诺斯岛上的白墙蓝窗的家庭旅馆以及风车式旅馆等。这些旅馆大多位于热门景点附近，视野开阔，布置别致，充满浓浓的地中海风情。当然，这种特色旅馆的房价也比较贵，要根据自己的实际情况进行选择。

民宿

民宿在爱琴海的诸岛上比较普遍。在旅游旺季，当地居民会把闲置的房子收拾出来，以供往来的游客使用。民宿一般住宿要求游客住两天以上，住的时间越长费用就越便宜。入住时主人会把钥匙交给你，一般民宿的厨房设备、餐具、冰箱等都十分齐全。

青年旅舍

在希腊，青年旅舍算是相当经济的住宿地点，希腊各主要旅游地区都有青年旅舍。这些青年旅舍设备比较简单，通常有2、4、6、8人间，男女分房，房价以床位计算，卫浴是共用的。房费中大多都包含有早餐，不同的青年旅舍提供的早餐不尽相同，有些会很丰盛，有些会相对简单。在旅游淡季，有的青年旅舍也会歇业。

露营地

希腊的露营地几乎遍及各地，尤其在一些风景优美的景区。但同其他类型的住宿地不一样的是，许多露营地只在4~10月开放。现在希腊的露营地设施非常齐全，除热水淋浴、厨房、餐馆等基础设施以外，周围通常还有游泳池。

中国游客最喜欢的住宿地

佩里奥拉斯酒店

佩里奥拉斯酒店（Perivolas Hotel）是风景如画的伊亚小镇附近的一家五星级酒店，坐落在高悬于爱琴海之上的悬崖上，周边景色绝美。酒店内有17间私人套房位于翻修过的洞穴中，这些洞穴历史非常悠久。酒店还有设施完备的健身中心以及非常漂亮的游泳池。

地址：Oia Santorini,Cyclades islands
网址：www.perivolas.gr
电话：02286-071308

基克拉泽斯酒店

　　基克拉泽斯酒店(Cyclades Hotel)位于圣托里尼菲拉附近，是当地的一家华人旅馆。酒店客房内有空调、冰箱、中文卫星电视、免费无线网络以及能够看到美丽风景的阳台或者露台。酒店还可免费到码头、机场去接送顾客。

地址：Thera Santorini,Parikia
网址：www. cycladeshotel.com
电话：02286-022948

海神套房酒店

　　海神套房酒店（Poseidon Hotel Suites）是米克诺斯岛上Megali Ammos海滩附近的一家三星级酒店。酒店设有游泳池，公共区域提供免费无线网络，提供往返机场或港口的免费班车服务。酒店客房提供冰箱、卫星电视和保险箱，在私人阳台上可欣赏到Mykonos镇和大海的美丽景致。

地址：Vida Mikonos Is land
网址：www.poseidonhotel-mykonos.com
电话：02289-022437

雅典国际青年旅舍

　　雅典国际青年旅舍（Athens Youth Hostel）地处繁华的市中心，周围有超市、餐厅、药店等，生活比较便利。旅舍有共用厨房、公用洗衣机，提供免费无线网络连接。旅舍早晨可应要求提供5种不同风味的早餐，不过需额外收费。前台的工作人员可以协助客人办理旅游相关门票预订。

地址：Viktoros Ugo 16, Athens
电话：021-05234170

在希腊怎样出行

希腊有各种各样的交通工具。在希腊旅行的游客最常用的两种长距离交通工具就是飞机和船；如果在陆地上的城市之间往返，乘坐长途汽车也是一种不错的交通方式。相对而言，希腊的铁路系统不如欧洲其他国家发达，目前只有两条线路。如果在市内出行，你可以乘坐公交车、地铁、出租车等常见的交通工具；在一些小岛上，景点之间距离较远，道况又不大好，租一辆摩托车再合适不过了。另外，在一些地区你还可以选择颇有希腊特色的驴和小船作为出行工具。

乘坐飞机

在希腊旅行，乘坐飞机是非常便捷的一种方式。希腊各大城市、热门旅游城市都设有机场，旅游旺季时航班往来更加频繁。雅典是希腊的航空枢纽，希腊国内各航空公司的线路多以雅典为中心，呈放射状向周边延伸，从雅典到希腊各地的飞行时间都在1小时左右。奥林匹克航空公司和爱琴海航空公司是希腊主要的两大航空公司。

希腊国内主要航空公司信息		
航空公司	电话	网址
奥林匹克航空公司（Olympic Air）	801–8010101	www.olympicair.com
爱琴海航空公司（Aegean Airlines）	801–1120000	www.aegeanair.com

Tips

希腊航班季节性变化比较大，许多航线只在旅游旺季开通。所以如果在旅游淡季前往希腊，一定好提前查好航班信息。

乘船

与乘坐飞机相比，虽然在时间上不占优势，但是乘船能够更好地欣赏沿途的风景，而且费用也不高。所以对于希腊这样一个岛屿众多的国家，乘船是游览这里最重要的交通方式之一。

主要港口

雅典近郊的比雷埃夫斯港是希腊最大的港口，几乎所有重要的希腊国内航线都在这里出发，比如从雅典前往克里特岛、罗得岛、基克拉泽斯群岛等热门旅游地的渡船，另外还有前往基克拉泽斯群岛的快艇等。从雅典市区有直达这里的地铁和公交。

船舶类型

在希腊常见的船有大型渡轮、快艇、双体船等几种类型。大型渡轮体积大，可载车辆，而且有的船上会有餐厅，运行速度平缓，航班一般不受天气影响；快艇是比较小的快速船，乘坐快艇会比大型渡轮节省一半的时间，不过价格也比较高，在淡季的时候，多数快艇会停运；双体船则是较大型的高速船，运行时速度比渡轮要快，船身也比较稳定。

购买船票

购买船票有多种途径，如果去比较热门的旅游岛屿，可以直接到港口购票；或到港口附近

的船舶公司所设的票务中心；也可以通过代售船票的旅行社购票（最好选择信誉比较高的旅行社）；你还可以去网上预订船票。下表是希腊几家主要的渡船公司信息。

希腊主要渡船公司信息	
公司名称	网址
Hellenic公司	www.hellenicseaways.gr
Minoan Lines公司	www.minoan.gr
Bluestar公司	www.bluestarferries.gr
ANEK公司	www.anek.gr

乘坐长途汽车

　　希腊的铁路线路不够发达，所以陆上交通主要以长途汽车为主，发达的长途汽车网络甚至能延伸到最小的村落。希腊所有的长途汽车都是由各地区的KTEL（Koino Tamio Eispraxeon Leoforion）统一经营的，KTEL的汽车多是绿色的，也有橘色的汽车，而来往于大城市之间的长途汽车则是蓝色的。如果乘坐长途汽车，须在售票亭提前买好座位票，最好是在发车前20分钟到达车站。另外，希腊的长途汽车是禁止吸烟的。

　　汽车的运营信息，可到www.ktel.org网站查询。省际长途汽车的运营时刻表在希腊国家旅游组织的办事处（www.gnto.gr）有公布。

乘坐火车

　　由于希腊的多数景点位于海上，所以希腊的铁路并不太发达。希腊目前只有两条主要的铁路线，一条是从雅典到亚历山德鲁波利斯的标准轨道线路，另一条是伯罗奔尼撒的窄轨道线路。希腊火车由希腊铁路局（OSE）经营，分为城际列车和慢速火车，其中城际列车车速较快，连接了各大城市；慢速火车在所有站都停靠，车速较慢，票价也更为便宜。

希腊市内交通图鉴

地铁

　　希腊的地铁不像其他欧洲国家那样普及，只在首都雅典有地铁线路。雅典有3条地铁线路，分别为绿色1号线、红色2号线和蓝色3号线。雅典地铁在每天的5:30～23:30之间运营，辐射范围覆盖了雅典市区的大部分景点。

公交车

公交车是在希腊出行十分常见的公共交通方式之一，繁华的大都市雅典以及幽静而美丽的山谷都有公交车运行。尤其是在旅游旺季的时候，从市区到景点之间常常有专门的公交车到达，不过要注意末班车时间。

出租车

在希腊，如果去较为偏远的景点旅游，出租车是一种便捷而灵活的方式。希腊的出租价格比较合理，按里程收费，节假日、深夜可能价格会高一些，有时要收取行李费用。

摩托车

希腊的小岛上，一些景点之间距离较远，道路状况又不大好。摩托车比汽车更加方便灵活，费用也更低，这时租一辆摩托车出行再合适不过了。骑乘摩托车时要戴好头盔，在路况较差的地方一定要注意安全。

驴

在希腊，某些地方是不允许机动车辆运行的，所以驴就成了当地非常重要而颇具特色的交通工具之一。在爱琴海各岛，一出港口，你就能看到许多驴的主人在等生意，你可以使用驴将你的行李从港口送到旅馆。

小船

在希腊风光迷人的岛屿上，有许多著名的海滩，去往这些地方很方便的交通方式之一就是乘坐小船。就一般距离来说，从市区到海滩，如果乘坐小船，花费会在10欧元左右。

在希腊游哪里

　　作为旅游胜地的希腊，其境内的景点美不胜收，不过其中最有代表性的当属风光绮丽的小岛以及历史悠久的遗迹。

希腊海岛风光图鉴

罗德岛

　　罗德岛（Rhodes）位于爱琴海最东部，岛上名胜众多，景色秀丽，气候适宜，是爱琴海诸岛中非常著名的旅游胜地。岛上有土耳其风格的罗德岛古城、迷宫似的街道建筑、充满梦幻风格的蝴蝶谷、令人沉醉的海水沙滩等。

克里特岛

　　克里特岛（Crete Island）位于爱琴海最南端，四周碧波万顷，岛上山峦起伏、树木常青、鲜花盛开，素有"海上花园"之美称。荷马曾为它写下了这样的诗句："有这样一座岛克里特，它飘浮在藏兰钯的汪洋大海之间，美丽而富有，浪花是它的镶边；那里有数不尽的人和百座城市。"

圣托里尼岛

　　圣托里尼岛（Santorini Island）是爱琴海上最受欢迎的旅游胜地之一，在这里可以看到波澜壮阔的爱琴海景观，岛上伊亚小镇的日落被称为"世界上最美的日落"，黑色的卡玛里海滩更是别具一格。

帕罗斯岛

　　帕罗斯岛（Paros Island）是基克拉泽斯群岛第四大岛，以出产白色的大理石而闻名，巴黎卢浮宫中的《米罗的维纳斯》雕像就是用这里的大理石雕成的。与其他岛屿相比，帕罗斯岛显得更加悠闲与宁静，有"爱琴海的女儿"之称。

米克诺斯岛

米克诺斯岛（Mykonos）被誉为"爱琴海上的宝石"。这里有湛蓝的海水、疏落有致的白色房屋和点缀其间的庞大而优雅的风车。闲适自在的生活方式将带给你另一番体验。

米洛斯岛

米洛斯岛（Milos Island）是基克拉泽斯群岛中形状酷似马蹄的一座岛屿，岛上因火山运动形成了多彩而崎岖的岩石和各式各样的温泉，另外还有风格各异的海滩以及引人注目的古迹，著名的雕像《米洛斯的维纳斯》就是在这里被发现的。

伊兹拉岛

伊兹拉岛（Hydra Island）是萨罗尼克群岛中的一个非常有特色的岛屿，岛上没有汽车，运输全靠毛驴运送，因此没有尾气污染，环境非常好。岛上优美的景色、独特的交通方式也吸引了很多艺术家来到这里寻找灵感，因此也被称为"艺术家之岛"。

科孚岛

科孚岛（Corfu Ialand）也是希腊著名岛屿之一。岛上遍布郁郁葱葱的树木，周边围绕着美丽而柔软的沙滩。科孚岛镇是岛上的首府，这里的建筑、文化和生活均是古典与现代的完美结合，外国风情与本土特色融合，独具特色。

043

希腊古老遗迹图鉴

雅典卫城

雅典卫城（Acropolis of Athens）是希腊最杰出的古建筑群。它建立在海拔100多米的石灰岩山冈上，三面被悬崖包围，人们只可由西面步行上去。雅典卫城建造于公元前5世纪，这里曾经矗立着高大雄伟的宫殿、金碧辉煌的庙宇，还有巨大的露天庙宇和宽阔的街道等。

德尔斐遗址

德尔斐遗址（Delphi）处于德尔斐城区外约8千米处的悬崖峭壁下，在巨大的斜坡上建立起如此众多的神庙和宝库，显示了古希腊人对神示的崇敬。德尔斐遗迹主要由阿波罗太阳神庙、雅典娜神庙、剧场、体育训练场和运动场组成，其中最有名的是太阳神阿波罗的神庙。

罗德岛古城

罗德岛古城（Medieval City of Rhodes）位于罗德岛东北角，是十五六世纪圣约翰十字军骑士以最先进的技术建造的要塞城市，风格与法国古城堡有些相近。城中有骑士军团街、考古博物馆和骑士首领宫等景点。

克诺索斯王宫

克诺索斯王宫（Palace of Knossos）曾是米诺斯王朝的政治、经济、宗教和文化中心。这里房屋众多，走廊曲折，出奇制巧，外人难以知其究竟，因此被誉为"迷宫"。现在这座宫殿遗迹仍保存得相当完好，王宫内的皇后浴室、公牛壁画、王室大道、王宫仓库等众多景点都值得你为之驻足。

迈锡尼遗址

迈锡尼遗址（Mycenae）就是《荷马史诗》中所颂扬的"遍地是黄金的迈锡尼"，这里曾被认为只是传说中虚构的城市，直到19世纪被希腊的一位考古学家发现才得以重见天日。如今的迈锡尼遗址被联合国教科文组织评选为世界遗产，也成为希腊著名的旅游景点。

古科林斯遗址

古科林斯遗址（Ancient Corinth）中的许多建筑都可以追溯到罗马时代，是一片有着悠久历史的建筑群。遗址中有着大约建于公元前5世纪的阿波罗神庙、收藏有众多文物的遗址博物馆，附近还有巨大的科林斯卫城，显示了这座古代著名城市曾经的辉煌。

在希腊买什么

当你的希腊之旅结束之后，除了满满的美好回忆，就是在当地购买的充满希腊风情的当地特产了。如果你崇尚自然健康的生活方式，可以购买对人体好处多多的希腊橄榄油；如果你喜欢精致小巧的物件，可以购买当地的手工制品和首饰；如果你要给亲朋好友带礼物，制作精良的羊皮制品和味美的开心果都是很好的选择。

希腊特产图鉴

橄榄油

希腊遍植橄榄树，因此提起希腊，不得不说起橄榄油。橄榄油被誉为"液体黄金""植物油皇后"，它不仅用于烹饪，还有

美容、保健的功效，对人体益处多多。在希腊购买橄榄油时，要注意区分初榨橄榄油和添加橄榄油。

羊皮制品

希腊的羊皮制品非常出名，这里的皮革制品多由技术纯熟的老工匠手工制作。无论材质还是工艺都是一流的，而且价格比国内便宜许多。

茴香酒

茴香酒是一种以茴香油、蒸馏酒制作的酒，在希腊叫做Ouzo，可以说是希腊的国酒。饮用时将水加入酒中，原本透明的酒会变成乳白色，仿佛酒杯中升起一朵白云。

首饰

特色的希腊风情给这里的首饰也染上了浓浓的地中海韵味，许多著名的珠宝设计师都会到这里寻找灵感。在时尚界素有"希腊女神"之称的欧克赛特（Oxette）是希腊著名的时尚品牌，设计新颖、造型时尚。Folli Follie的配饰也深受国内年轻女性白领的欢迎。

手工艺品

同其他旅游胜地一样，希腊也有着各式各样的手工艺品，比如希腊妇女的绣花制品、雅典的仿古制品、伊兹拉岛上的小工艺品等。这些手工艺品都制作得非常精美，极具希腊特色，而且方便携带，十分适合买回去送给亲朋好友。

开心果

在希腊宁静安详的埃伊纳小岛上，到处都能看到出售开心果的小摊。开心果是埃伊纳岛上的特色产品，这里的开心果看起来比我们平时吃到的小，但是吃起来很香，价格也很公道。

天然海绵

爱琴海是优质的天然海绵产地，这些土黄色的海绵是从爱琴海海底捞取制造的，方便携带，质量上乘，价格便宜而且非常实用。在一些礼品店中有橄榄皂和海绵搭配的礼盒出售。

希腊实用购物用语

希腊与中国文化相距甚远，对大多数中国人来说，希腊语是比较陌生的语言。在希腊，掌握一些实用的购物用语将会对你的购物有所帮助。

希腊实用购物用语			
汉语	英语	希腊语	希腊语读音
你好	Hello	Γειασας	亚萨斯（"再见"也这样说）
多少钱	How much?	πόσ οκάνει	波索·卡尼
贵了	Expensive	ακριβά	阿克里瓦
你会讲英语吗？	Can you speak English?	Μιλάτεαγγλικά	米拉特·安格利卡
谢谢	Thanks	ευχαριστώ	艾弗法利斯托
拜托	Please	Παρακαλώ	帕拉卡洛
是	Yes	Ναι	奈
不是	No	δεν	奥西

Tips

虽然现在希腊大多数的商店已经可以全天营业，但其中仍有一些商家坚持希腊人午睡的习惯，所以尽量避免在14:00~16:00去购物。

在希腊怎样娱乐

希腊的娱乐方式跟当地的历史、自然环境息息相关。除了常见的酒吧，在希腊，看戏剧也是一种高雅的娱乐方式；如果你去海边游玩，还可以进行潜水、帆船运动或者帆板运动。

看戏剧

在希腊神话中，狄奥尼索斯是葡萄酒之神，他也护佑着希腊和希腊的戏剧文化。在古希腊的祭祀仪式上，人们要朗诵赞颂酒神的颂词，后来发展为边朗诵边表演，最终形成了戏剧。希腊戏剧历史悠久，单是古代剧场在希腊境内就有许多，看戏剧也成为希腊旅游颇具特色的一部分。

推荐地

埃皮达鲁斯剧场（Epidauros Theater）是埃皮达鲁斯遗址当中保存最完整的古代遗迹。这座建于公元前的剧场依山而建，整体呈半圆形，座位依次升高，最多可容纳14000人。这里的音响效果惊人的好，即使在最上面的座位也能听到舞台上的声音。在埃皮达鲁斯节期间，这里会上演各种现代戏剧和古希腊戏剧。

潜水

爱琴海上的美丽小岛简直就是潜水者的天堂。在那里，你可以深入蓝色的海底，近距离接触那些干净的沙石、漂亮的游鱼。诸岛上有许多潜水中心，如果你是初学者，可以在那里跟许多优秀的潜水教练学习潜水。

推荐地

科孚岛上适合潜水的区域非常多，如Kassiopi、Ipsos、Gouvia、Agios Giorgios等地。那里的海水非常干净，清澈见底，受到很多潜水爱好者的喜爱。

帆板

帆板运动是介于帆船和冲浪之间的一种运动，这一具有新奇性、神秘性和动态美感的运动自兴起便吸引了众多热爱海上运动的人。拿着帆板的有着古铜色皮肤的美男子似乎已经成为海滩最具标志性的广告。

推荐地

爱琴海上的各个岛屿上都能租到帆板，帕罗斯岛的金色海滩（Hrysi Akti）就非常适合帆板运动。金色海滩位于帕罗斯岛东南海岸，是帕罗斯岛上的顶级海滩。这里拥有相当不错的沙质，海滩上还有沙滩椅和餐厅等设施。

帆船

帆船，这一古老的交通工具，似乎已经变得不再是交通工具那么简单。现在的人们借助风的力量，在海上乘风破浪，集竞技、娱乐、观赏和探险于一体，受到越来越多的人的喜爱。在爱琴海诸岛上，有许多适合帆船运动的地点。

推荐地

帕罗斯岛上的金色海滩（Hrysi Akti）是帆船运动的最佳地点之一，另外还有伊奥斯岛上的Mylopotas海滩也吸引了众多帆船运动爱好者前来。

应急

在国外旅行，一旦遇到什么状况，陌生的环境很容易让人紧张。所以在旅行过程中一定要保持警惕，不要粗心大意。如果真的遇到什么麻烦，先保持冷静，不要慌张，然后想办法处理或者求助。

东西丢失

出门在外，总是要谨慎一些，贵重的物品要妥善保管，避免丢失。对于重要的证件最好准备复印件，万一丢失也能有个凭证。以下是一些重要物品丢失的解决办法：

物品丢失怎么办	
问题	**解决办法**
护照遗失	护照遗失后，你首先可咨询中国驻希腊当地大使馆，使馆会告诉你怎么办。大使馆会让你尽快地向当地的警察局报案，报案后，警察会登记你丢失的证件号码，接着会给你一个报案号码的小卡片，以示你的护照遗失。之后可向中国驻希腊大使馆申请补办护照
行李遗失	记得在自己的行李上做一些独有的记号，这样会为你找回行李提高成功几率。如果在飞机上或者巴士上行李遗失，应赶快找工作人员帮忙，看是否是别人拿错了行李。如果还是找不到，就要对行李进行遗失登记。在登记遗失行李表时，要详细地写清楚行李箱中的物品和价格，如3天没有找到行李，则可以向航空公司或者巴士公司要求理赔
信用卡遗失	信用卡遗失后要立即打电话至发卡银行的服务中心，办理挂失与停用，也可以与当地信用卡公司的办事处或合作银行取得联系。办理挂失或停用手续时需要卡号和有效期限，不要忘了把联系方式也一并记下

身体不适

出国旅行，面临着环境与饮食的变化，身体难免感到不适。因此在出发前要准备一些常见的药品。如果只是感冒等小问题，可以自己根据说明书吃点药，然后好好睡上一觉，让身体慢慢恢复。如果患有慢性病，就要从国内带足药，并携带英文的诊断书，万一出现状况，当地的医生就可以尽快做出诊断。

当你在酒店住宿时，如果感到身体不适，可以求助于酒店的工作人员。如果在旅途中不舒服，可以让身边的人帮忙叫救护车或者到附近的医院就医。情况紧急时，可拨打166请求救护车的帮助。

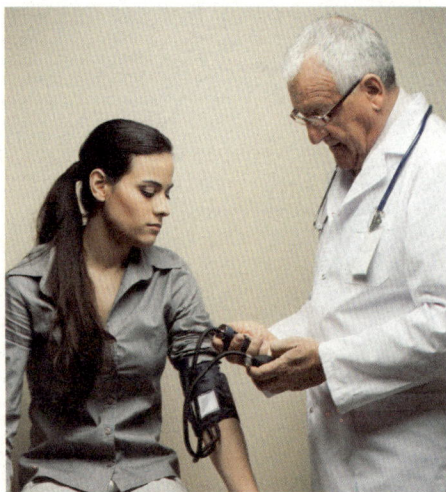

希腊主要旅游城市的医院			
城市	**医院**	**地址**	**电话**
雅典	Laiko General Hospital of Athens	Agiou Thoma 17, Athens	021–07456000
	Evaggelismos General Hospital	Ipsilantou 45, Athens	021–32041000
	Ippokratis General Clinic S.A.	Kefallinias, Athens	021–08807000
伊拉克利翁	General Hospital of Irakleion	Av.Knossos,PO44,Heraklion	02810–368000
	Euromedica S.A.	Archiepiskopou Makariou 56, Iraklio	02810–396600
纳夫普利翁	General Hospital of Nafplio	Kountouriotou 1, Nafplio	02752–361100

希腊旅游常备药物

去国外旅行，到达一个陌生的地方，气温、饮食、日常习惯与国内往往不同，身体可能因为这些改变会感到不舒服，所以你最好提前准备好一些可能用到的药物。

防中暑药

希腊的夏季阳光强烈，气温较高，长时间在户外行走，往往会出现头晕、倦怠等情况。这时应及时去往阴凉处休息，补充水分，最好服用一些预防中暑的药品，防止出现不良后果。

止泻药

希腊的饮食中，肉类、海鲜类居多，如果处理不好容易滋生细菌，或者肠胃功能较弱的话也很容易引起肠胃不适，所以，准备一些止泻药也是非常必要的。

希腊旅游常备药物

希腊旅游常用药			
药名	希腊语	英语	药效
阿司匹林	ασπιρίνη	Aspirin	解热镇痛
安眠药	Υπνωτικά χάπια	Sleeping pills	治疗失眠、多梦
感冒药	Κρύο ιατρική	Cold medicine	治疗头痛、发热
盘尼西林	Ηπενικιλίνη	Penicillin	消炎、清热
消炎药	αντιβιοτικό φάρμακο	Antibiotic medicine	消炎
止痛药（布洛芬片）	παυσίπονο	Advil	止痛
止咳药	φάρμακο για το βήχα	Cough medicine	缓解咳嗽
止泻药	Αντιδιαρροϊκά	Antidiarrheal	控制腹泻
退烧药	Ηαντιπυρετική	Antipyretic	清热消炎

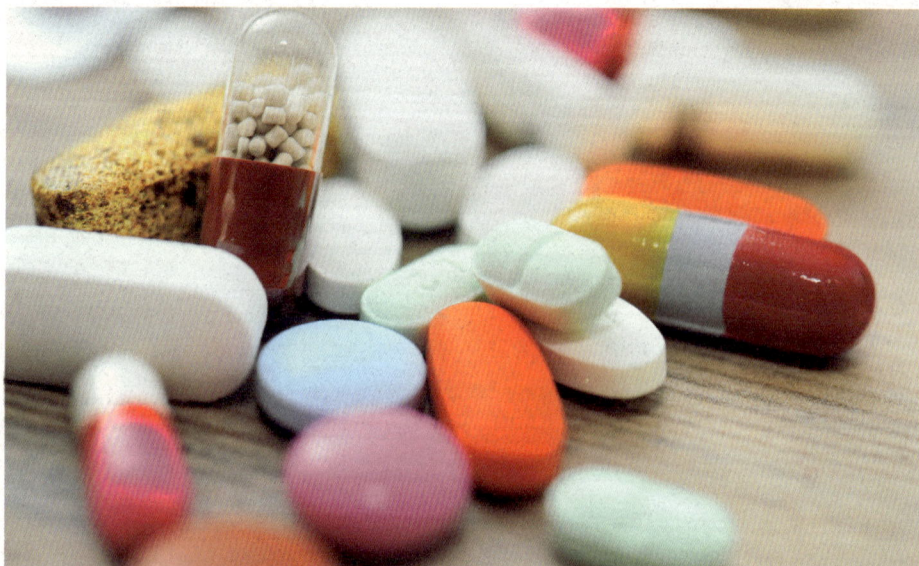

返回

行李邮寄

希腊的邮局比较多，邮筒外观为黄色。一般邮局的营业时间是周一至周五7:00~20:00，周六、周日7:30~14:00。如果想要寄明信片，通常来说费用为每张0.3~0.5欧元，邮寄费0.78欧元。

Hellenic Post (Elta) S.A.

地址：Apellou 1, Athens
电话：021-03353711

前往机场

有些航空公司会要求乘客在离境前的72小时内，再次确认预约的机票。即使离境前72小时内已经确认了航班信息和机票信息，建议在去机场之前再打一遍确认一下，或是向航空公司服务处询问你到达机场办理登机手续的最佳时间，以便留出充足的时间到达机场。如果你不知道怎么去机场，可以向航空公司服务处询问怎么乘坐机场巴士或公共汽车到机场。在去机场之前要确保你带齐了护照、签证等证件。

离境手续

当你离开希腊时，建议你提前2~3个小时前往机场办理出境手续，这样不至于手忙脚乱。到达机场后，先根据电子提示板找到你所搭乘航班的服务台，在那里换登机牌。领到登机牌和座位号后，工作人员会告知你从几号门登机。通常，登机在飞机起飞前30分钟开始，起飞前15分钟关闭机舱门。

离境流程图

到达机场	换登机牌	托运行李、出境手续	退税、安全检查	登机
最好在起飞时间前2小时到达，杜绝意外	拿着机票、护照到指定柜台(一般候机厅进门就可见航班信息大屏幕，上有对应航班的柜台编号)交给工作人员	指定地点办退税；大件行李要托运，通常有免费托运行李要求；如果超重超大需要额外付费；记得买份意外保险	需要提供三样物品：身份证、机票、登机牌。随身的手提包里不能有道具、危险品等，甚至连水、肉类等也不能携带	在指定的登机口登机，如果喜欢坐在窗边，可以在换登机牌时就提出；乘坐时间较长，可以将自己平时休闲用的物品放在手提包

Tips

出境检查时需注意，你出境时所携带的货币金额不得高于入境时申报的金额，否则就要向海关申报，另外，如果你携带了希腊的古董、文物出境，需要有希腊文化科学部批准许可。

爱琴海游船

Part 1

希腊中北部一周游

Part 1 希腊中北部一周游

希腊中北部印象

★★ **古老沧桑的城市**

　　古老厚重的历史在雅典、德尔斐和塞萨洛尼基这三座城市中都留下了深深的印记。从雅典包罗万象的博物馆里，从德尔斐矗立千年的古代遗迹中，从塞萨洛尼基的大街小巷上，都能感受到这扑面而来的沧桑感。

★★★ 西方文明的摇篮

　　古老的雅典是西方文明的发源地。哲学家苏格拉底、柏拉图、亚里士多德，历史学家希罗多德、修昔底德，大喜剧作家阿里斯托芬，大悲剧作家爱斯奇里斯、索福克里斯和幼里披底斯都与这座城市有着千丝万缕的联系，议会制民主思想也是在雅典古城中酝酿而成。

★★★ 古希腊神话之都

　　在希腊的每一座城市几乎都能找到古希腊神话的印记，而在雅典这片区域，这种印记尤为深刻。雅典被认为是众神的府邸，这座城市就是以希腊神话中智慧女神雅典娜的名字命名的。而保存着"大地之脐"的古老城市德尔斐，更是以德尔斐神谕闻名海内外。

★★★ 悠闲自在的生活

　　夕阳西下，看过了被落日映红的海面，漫步在塞萨洛尼基街头，吹着暖暖的海风。看到咖啡馆里的年轻人在悠闲、欢快地谈天说地；街边的老人也是淡定从容，一脸和善，这种悠闲而自在的情景是多少人梦寐以求的生活啊！

推荐行程

A 雅典 ——约180千米—— **B** 德尔斐 ——约380千米—— **C** 塞萨洛尼基

Φλώρινα

Νάουσα

塞萨洛尼基
（Thessaloniki）

Ντολεμαΐδα　Βέροια

科札尼
Κοζάνη　Κατεοίνη

Νέα
Μουδανιά　Ορμύλια

Ιερισσός

Γρεβενά

Λιτόχωρο

Καστανῶρεία

Σάρτη
Συκιά

Ελασσόνα

Μύρινα
米里纳

Καλαμπάκα
特里拉卡
Τρίκαλα
Κόζιακας

拉里萨
Λάρισα

BC约380千米

Εβνικô Θαλάοοιο
Πάρκο Αλοννηααου
Βορείων Σηορηδων
国家海洋公园

帕拉与斯
Παλαμάζ

φάροαλα

Καρôίτααα

Αλμυρôς

Σκθάθος
Σκôπελος

Αγρίνιο

Καρπενησι

Λαμία

Ιστιαία
伊斯蒂艾阿

斯基罗斯岛
Σκύρος

爱琴海

Μώλος
莫洛斯

Ματαράγκα

B

德尔斐
（Delphi）

Χαλκίδα

Κùμη

帕特拉斯
Πάτρα

Αίγιο

AB约180千米

Κάτω Αχαΐα

Κιάτο　科林斯
Κôρινθος

A

雅典
（Athens）

交通方式对比

路线	交通方式	优点	缺点	运行时间
雅典—德尔斐	长途汽车	省心，购票方便	时间固定，舒适度不高	约2.5小时
	自驾	可欣赏沿途风景，时间自由	需要对路线比较熟悉	约2小时
雅典—塞萨洛尼基	飞机	快速	航班固定，花费高	约1小时
	火车	方便快捷，费用低	用时较多	约6小时

最佳季节

希腊中北部属于地中海气候，冬季温和多雨，夏季炎热干燥。春秋时分这里气候适宜，风景优美，所以这一地区最适合旅游的季节为春、秋两季。

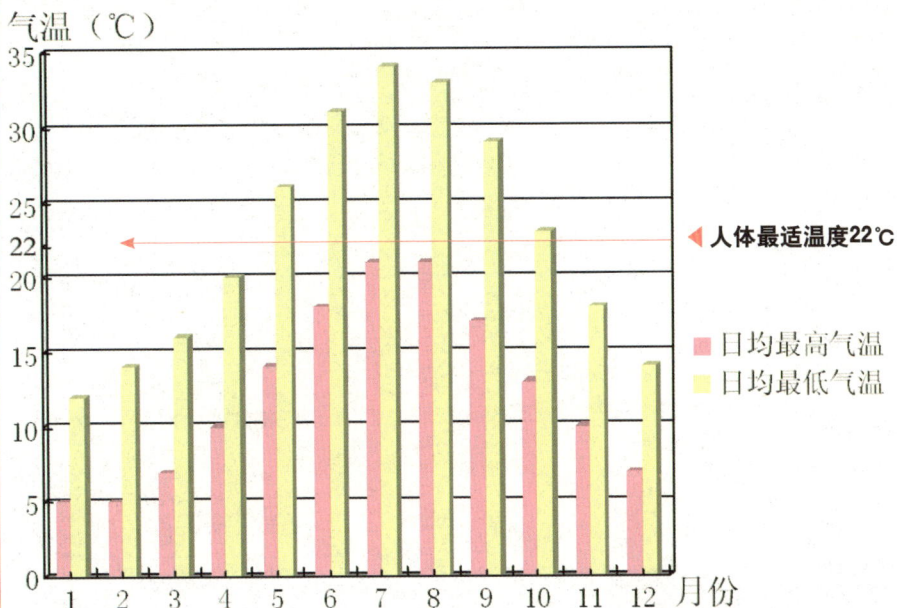

气温（℃）

人体最适温度22℃

■ 日均最高气温
■ 日均最低气温

月份

▲ 雅典全年日均气温变化示意图

最佳季节的衣物

希腊中北部的最佳旅游季节是在3～5月和9～11月，这时候正值春、秋，气候比较适宜，穿着可以参照国内。不过为了防止夜里气温下降，尤其是在春初或者秋末时节最好带一件稍厚点的外套。前往德尔斐遗迹的时候，需要步行一段时间，所以需要备一双轻便而舒适的鞋子。当然，雅典作为希腊的首都，也有许多大的商场，如果你准备在这里购买衣服的话，携带的衣服不用过多。

希腊中北部游最佳季节衣物						
衣物种类	3月	4月	5月	9月	10月	11月
风衣	√	√	√	√	√	√
厚外套	√	√	—	—	—	√
单层套装	√	√	√	√	√	√
牛仔衫裤	√	√	√	√	√	√
T恤裙装	—	√	√	√	√	—
泳装墨镜	√	√	√	√	√	√

中北部路线： 雅典—德尔斐—塞萨洛尼基6天6夜游

6天6夜的中北部路线			
城市	**日期**	**时间**	**每日安排**
雅典	Day 1	上午	贝纳基博物馆→宪法广场
		下午	国家花园→哈德良拱门→奥林匹亚宙斯神庙
	Day 2	上午	希腊民间艺术博物馆
		下午	雅典卫城→希德罗·阿提库斯剧场
	Day 3	上午	雅典国立考古博物馆
		下午	风之塔→古安哥拉遗址
德尔斐	Day 4	上午	德尔斐博物馆
		下午	德尔斐遗址
塞萨洛尼基	Day 5	上午	拜占庭文化博物馆
		下午	考古博物馆→白塔→伽列里乌斯宫殿
	Day 6	上午	马其顿奋斗史博物馆
		下午	圣索菲亚教堂→帕纳基亚·哈尔凯翁教堂→罗马广场

到达雅典

雅典（Athens）是希腊的首都，是世界著名的古老城市之一。苏格拉底、希罗多德、伯里克利等名人都与这座城市有关，可以说这里是西方文明的摇篮。城中壮丽而古老的雅典卫城、宙斯神庙等遗迹，显示了这座城市与古希腊神话的紧密关联。另外，雅典还是现代奥林匹克运动的发源地，"现代奥林匹克之父"顾拜旦于1896年在这里举办了第一届夏季奥运会。

通航城市

我国与希腊客流来往不是太频繁，所以国内直达希腊的航班不是很多，从我国的北京、上海、广州等城市到雅典的航班多数需要一程中转。

从中国飞往雅典的航班

从中国转机前往雅典，有多家航空公司可以选择，其中比较方便的航空公司有中国南方航空公司和汉莎航空。

中国飞往雅典的航班				
航空公司	航空公司电话	城市	单程所需时间	出航信息
中国南方航空 www.csair.com	中国客服电话 4006695539-1-2 海外客服电话 4006695539-1-2	北京	中转加等待时间约21小时	在首都国际机场每天00:50有航班CZ345飞往阿姆斯特丹，在阿姆斯特丹停留约7小时后有KL1575航班飞往雅典
		上海	中转加等待时间约22小时	在浦东国际机场每天23:55有航班CZ779飞往阿姆斯特丹，在阿姆斯特丹停留约7小时后有CZ7729航班飞往雅典
		广州	中转加等待时间约22小时	在新白云国际机场每天00:05有航班CZ307飞往阿姆斯特丹，在阿姆斯特丹停留约6小时后有CZ7729航班飞往雅典
汉莎航空 www.lufthansa.com	中国客服电话 010-64688838	北京	中转加等待时间约16小时	在首都国际机场每天11:30有航班LH721飞往法兰克福，在法兰克福停留约3小时后有LH5914航班飞往雅典
			中转加等待时间约29小时	在首都国际机场每天13:55有航班LH7321飞往法兰克福，在法兰克福停留约16小时后有LH1287航班飞往雅典
		上海	中转加等待时间约29小时	在浦东国际机场每天1:15有航班LH7061飞往慕尼黑，在慕尼黑停留约2小时后有LH1750航班飞往雅典
			中转加等待时间约18小时	在浦东国际机场每天23:45有航班LH727飞往慕尼黑，在慕尼黑停留约3小时后有LH1750航班飞往雅典

Tips

从上面信息了解到，南方航空的CZ345航班00:50从北京首都国际机场出发，在荷兰当地时间04:40到达阿姆斯特丹，用时10小时50分钟；在阿姆斯特丹机场等待7小时20分钟之后，当地时间12:00乘坐荷兰航空的LH1575航班飞往雅典，在雅典当地时间16:10到达，用时3小时10分钟。

三段时间相加一共21小时20分钟，加上从市区往返机场的时间，因此如果利用南方航空从北京到雅典，你需要给自己的行程安排约23小时到达的时间。

如何到市区

雅典的阿莱夫塞里奥斯·维尼泽洛斯国际机场（Eleftherios Venizelos International Airport）在市中心以东约30千米处。机场分为西机场和东机场，西机场为希腊奥林匹克航空公司专用，东机场为其他航空公司使用，因此当你乘坐南方航空或者汉莎航空的航班到达雅典时，一般会到达东机场。从机场到市区有以下几种方式。

地铁

雅典国际机场有开往雅典市区Monastiraki的地铁专线，运行时间为5:30～23:00，每半小时一班，票价约为6欧元。另外，你还可以乘坐地铁3号线（蓝色）到达市中心。

公交车

从雅典国际机场开往雅典市区的公交车有很多，你可以根据自己的目的地选择线路。

雅典国际机场至市区的公交车	
线路	概述
X92路公交车	往返于机场和Kifisia郊区，约45分钟或1小时一班车，全天运行
X93路公交车	往返于机场和Kifisos，约半小时一班车，全天运行
X94路公交车	往返于机场与Ethniki Amynaa地铁站，约15分钟一班，运营时间为7:00～23:00
X95路公交车	往返于机场和宪法广场之间，全程约1小时
X96路公交车	往返于机场和比雷埃夫斯的Plateia Karaïskaki，约20分钟一班
X97路公交车	往返于机场与Dafni地铁站，约30分钟一班，全天运行

出租车

如果你的行李较多，或者不想乘坐公共交通工具，可以选择出租车。游客在入境大厅3号门外就可搭乘出租车。一般来说，在机场打车需支付3.2欧元的机场费用，如果走收费公路还要交2.7欧元的过路费；每件10千克以上的行李会加收0.32欧元费用。从机场到市区白天约为35欧元，夜间约为50欧元。

郊区列车

雅典国际机场有从机场到比雷埃夫斯和伯罗尼撒的Kiato的郊区铁路列车。这种车的票价单程为6欧元，往返10欧元（往返票的有效期为一个月）。运营时间为5:00至次日1:20，全程用时约38分钟。

Tips

更多雅典国际机场信息可以访问www.aia.gr网站查询，选择中文模式可以让你轻松了解机场信息。

雅典3日行程

雅典是希腊的首都，也是有名的旅游城市，城市内遍布历史遗迹。为了充分感受这个城市的魅力，所以可以安排3天时间在这里游玩。

Day 1 贝纳基博物馆→宪法广场→国家花园→哈德良拱门→奥林匹亚宙斯神庙

到达雅典的第1天，你可能对这个城市充满了好奇，迫不及待地想要将这里所有的景点游览一遍，所以第1天安排的景点比较多。首先围绕繁华的宪法广场展开游览，经过美丽的国家花园，最后在著名的奥林匹亚宙斯神庙结束一天的旅程。

雅典第1天行程

时间	目的地	行程安排
9:00 ~ 11:00	贝纳基博物馆	上午可以先去参观贝纳基博物馆，该馆的展品比较多，有波斯的丝绸、希腊刺绣等
11:00 ~ 12:00	宪法广场	接下来可以去宪法广场逛一逛。广场附近有很多景点，不容错过
12:00 ~ 14:00	午餐	到了吃午饭的时间，你可以在市中心的餐厅享用特色美食
14:00 ~ 16:00	国家花园	吃完午饭以后，你可以去国家花园享受午后时光，呼吸新鲜的空气
16:00 ~ 16:30	哈德良拱门	接下来可以去参观哈德良拱门，这个拱门的造型十分气派，值得一览
16:30 ~ 18:00	奥林匹亚宙斯神庙	参观完哈德良拱门以后，你可以前往奥林匹亚宙斯神庙。这座神殿历史悠久，不容错过
18:00 ~ 19:00	Fresko Yogurt Bar	逛了一天的景点，傍晚不妨到宙斯神庙附近的酸奶吧品尝甜品

雅典第1天行程路线示意图

地图标注：
- AB约0.6千米，步行约9分钟
- 贝纳基博物馆（Benaki Museum）— A
- 宪法广场（Syntagma Square）— B
- 希腊议会 Βουλη των Ελληνων
- Pl. Mitropoleos Πλ. Μητροπόλεως
- BC约0.4千米，步行约6分钟
- Εθνικόςκήπος
- 国家花园（National Gardens）— C
- CD约0.4千米，步行约6分钟
- Ζάππειο Μέγαρο 扎皮翁宫
- 哈德良拱门（Hadrian's Arch）
- 奥林匹亚宙斯神庙（Temple of the Oympian Zeus）— D / E
- DE约0.1千米，步行约1分钟

贝纳基博物馆

　　贝纳基博物馆（Benaki Museum）始建于20世纪30年代，原为安东伊内·贝纳基为纪念自己父亲所建，后捐赠给国家。这是一家综合性的文物博物馆，共有四层，里面有30多个展室，其中的展品主要是地中海沿岸国家和地区的文物，按年代顺序摆放，多达2万多件。在这里你可以看到波斯的丝绸、希腊各岛的刺绣以及希腊的民间工艺品，甚至瑞典王后的钻石耳环。

地址：Koumbari 1，Athens
交通：乘坐地铁到Syntagma站或EVANGELISMOS站下可达
网址：www.benaki.gr
票价：7欧元，临时展览5欧元
开放时间：周三、周五9:00～17:00；周四、周六9:00～24:00；周日9:00～15:00
电话：021-03671000

旅友点赞

从宪法广场（Syntagma）朝Vass Sophias街走，到达国家花园后向右转。当走到花园尽头后，博物馆就在你的左边。看到贝纳基博物馆后你会发现这是一座外形优美的建筑，馆内藏品非常丰富，尤其是陶瓷藏品，制作精美。博物馆中的服务人员全部着装得体，与馆中安静的气氛相协调，显得非常礼貌庄重。

宪法广场

宪法广场（Syntagma Square）位于雅典市区的中心地带，是雅典主要的广场。广场上每天都会举行卫兵换岗仪式，当地市民以及来自世界各地的游客会聚集这里观看。广场南北两片巨大的绿地让整个广场显得优雅而美丽，广场中间有一个大型喷泉向空中喷洒的水花非常漂亮。

旅游资讯

地址：2, Vas.Sofias Street, Athens
交通：乘坐地铁蓝线在Syntagma站下即到
票价：免费

旅友点赞

宪法广场历史悠久，希腊许多重大事件都发生在这里。康斯坦丁就是在宪法广场第一次向人们发表了他的独立想法，希腊人民反抗外国占领的英勇抗争也是在这里开始的。宪法广场有着很好的地理位置，广场附近有希腊议会大厦和国家花园等景点，从这里到著名的雅典卫城、奥林匹亚宙斯神庙也很方便。

无名战士纪念碑

无名战士纪念碑（Tomb of Unknown Soldier）位于宪法广场上，建于20世纪20年代末，是为纪念在摆脱土耳其统治战争中捐躯的希腊无名英雄而建的。纪念碑的主体部分是无名战士浮雕，一位古希腊战士头戴盔甲、手执盾牌，卧于疆场。浮雕两边镌刻着两句名言"这里是全世界杰出战士之墓""是安放无名战士的灵床"。浮雕下方刻有几十个地名，这些地方是历史上希腊军队曾经战斗过的地方。

旅友点赞

在无名战士纪念碑前站岗的卫兵，身着当年争取民族独立战争时期山区战士的装束。每到整点，这里会有精彩的士兵换岗仪式，士兵以独特而精准的步伐巡行在墓前。你可以和他们合照，但不能有任何在他们看来比较怪异的举动，比如敬礼等。

中午在哪儿吃

参观完宪法广场，你可以去国家花园稍作歇息，在巨大的国家花园中，自然少不了娱乐餐饮设施，所以你可以在里面找一家优雅的餐厅解决你的午餐。当然热闹的市中心也有许多餐厅供你选择，你也可以吃过午饭之后再去国家花园。

1 Cine Aίγλη

Cine Aίγλη是位于国家花园中的一家历史悠久的希腊传统餐厅，周围环境优美而安静，可以让你远离城市的喧嚣。

地址：Garden.Zappeion,Athens
交通：从国家花园步行前往即可
网址：www. aeglizappiou.gr
电话：021–03369300

2 NEW TASTE

NEW TASTE位于国家花园附近，是一家专门供应地中海风味美食的餐厅。餐厅内部设计温馨且赋有创意。店内的菜品都是选用有机食品或是最新鲜的蔬菜制作而成，既新鲜又有营养。

地址：Filellinon 16，Athens
交通：从国家花园向西步行约200米即可
网址：www. yeshotels.gr
电话：021–03273170

国家花园

国家花园（National Gardens）原为王宫专用花园，由希腊国王奥托一世的王妃主持设计，现在向市民开放。花园内绿树成荫，草木茂盛，虽然处在热闹的雅典市中心，内部却独有一份宁静。除了茂盛的草木，这里还有各种小动物、供孩子玩耍的大运动场、有鸭子戏水的池塘和树荫下的咖啡馆。

旅游资讯

地址：Irodou Attikou19，Athen
交通：乘坐地铁蓝线在Syntagma站下可到
票价：免费

旅友点赞

对绿色不多的雅典来说，国家花园是散步的最好去处，尤其是夏天，凉风习习，郁郁葱葱，安静而充满生命力，有时你会看到年轻的父母带着孩子喂鸭子的场景，十分温馨。花园很大，如果走一圈会很累，你可以在树阴下的长椅上乘凉，或在草坪上晒太阳。

哈德良拱门

哈德良拱门（Hadrian's Arch）坐落在雅典市中心，建于公元2世纪，是为了纪念哈德良对雅典的贡献而建造的的凯旋门。拱门以科林斯圆柱为支撑，大门上层构出3个门洞，拱门的扶壁也用科林斯圆柱装饰，柱头有多重的叶子装饰，基座饰以线形花纹，造型气派且不失优雅。拱门的精巧设计和精雕细琢的工艺向人们展示了当时古希腊工匠们的绝世技艺。

旅游资讯

地址：Leoforos Vasilissis Amalias, Athens
交通：乘地铁2号线到Akropoli站即可到达
票价：免费
开放时间：全天开放

旅友点赞

哈德良拱门是古雅典城与哈德良大帝建造的新城的分界线，拱门西北边的中楣上刻着"此为雅典，即提修斯古城"，东南边则刻着"此为哈德良城，非即提修斯古城"。旧城是拱门西侧、卫城及其山脚下的城区，新城是拱门东面的地区。

奥林匹亚宙斯神庙

奥林匹亚宙斯神庙（Temple of the Oympian Zeus）建成于132年，是哈德良大帝当政时下令在古宙斯神庙的基础上建立的神庙。宙斯神庙长约96米、宽约40米，神庙前后的石像都是用派洛斯岛的大理石雕成，宙斯神像由当时雕刻家菲迪亚斯负责雕刻。神庙中有104根巨大的科林斯石柱，经过了近2000年的风雨侵蚀，现在人们可从仅存15根科林斯巨柱感受到当年神殿的雄伟风姿。

旅游资讯

地址：Vassilissis Olgas Avenue Athens

交通：搭乘地铁2号线到Akropoli站下即达

票价：2欧元

开放时间：周二至周日8:30～15:00

★★★ 旅友点赞

作为希腊神话中地位最崇高的神，千百年来希腊人一直用各种虔诚而神圣的祭祀仪式来叩拜宙斯。奥林匹亚宙斯神庙就是其中最具代表性的形式。相传宙斯神殿中原本置有以黄金、象牙打造的宙斯之像，殿内的圆柱也是用黄金和象牙修饰，极尽奢华。如今只留一片巨大的废墟让我们尽情想象当年的场景。

晚上在哪儿 玩

逛了一天的景点，到这个时候一定感到有点疲惫了吧，傍晚时分，不妨来到奥林匹亚宙斯神庙附近的酸奶吧吃个甜品，让心情和身体都好好放松一下。

Fresko Yogurt Bar

Fresko Yogurt Bar这家酸奶吧距离宙斯神庙和雅典卫城都比较近。这里提供各种各样的酸奶制品，口感地道，新鲜味美，受到很多游客的喜爱。

地址：Dionysiou Areopagitou 3,Athens
交通：从宙斯神庙向西步行约240米可到
网址：www.freskoyogurtbar.gr
电话：021-09233760

Day 2 希腊民间艺术博物馆→雅典卫城→希德罗·阿提库斯剧场

雅典第2天的游览重点是举世闻名的雅典卫城，另外，可以顺便看一下趣味多多的希腊民间艺术博物馆。如果幸运的话，晚上还能在古老的希德罗·阿提库斯剧场欣赏一场高雅的演出。

雅典第2天行程		
时间	目的地	行程安排
10:00~12:00	希腊民间艺术博物馆	上午可以去希腊民间艺术博物馆，该馆收藏着许多民间艺术品，刺绣、饰品、陶器、漆器、石刻等都值得参观
12:00~14:00	午餐	参观完希腊民间艺术博物馆，就到了吃午饭的时间了。你可以在路上的达芙妮餐厅吃顿午饭
14:00~18:00	雅典卫城	到达雅典卫城，你可以花费一个下午的时间进行参观，沉浸在希腊杰出的古建筑群中
18:00~20:00	希德罗·阿提库斯剧场	天色将晚，畅游在卫城中的你是否还无法从古迹中回过神来？那就继续在沉浸在厚重的卫城历史中吧，如果运气够好，可以在希德罗·阿迪库斯剧场看一场完美的音乐之旅

▲ 雅典第2天行程路线示意图

希腊民间艺术博物馆

旅游资讯

地址：Kidathineon 17, Athens
交通：乘坐1、2、4、5等路有轨电车在ΦΙΛΕΛΛΗΝΩΝ站下车步行可到
网址：www.melt.gr
票价：2欧元
开放时间：周二至周日9:00～14:00
电话：021-03213018

希腊民间艺术博物馆（Museum of Greek Folk Art）始建于20世纪初，主要收藏了希腊从18世纪至今的一些民间优秀艺术品，如刺绣、针织、服装、饰品、金属制品、陶器、木刻、漆器、石刻等，尤其以18、19世纪的民间艺术品居多。这些展品都保存得相当完好，还配有英文解说文字，可以让你充分了解希腊近300年来民间艺术、习俗的历史变迁。

★★★ 旅友点赞

希腊民间艺术博物馆中陈列了许多希腊刺绣和传统服饰的样式，也有珠宝和其他金属制品的生活物品。其中最吸引人的是希腊女子婚嫁之前为自己准备的各种嫁妆服饰，包括刺绣、钩编和编织品等，非常有特色。

中午在哪儿 吃

逛完了希腊民间艺术博物馆，就到了吃午饭的时间了。希腊民间艺术博物馆这一带比较繁华，餐馆比较多，不用走太远就能找到吃饭的地方。

1 达芙妮餐厅

达芙妮餐厅（Daphne's）是当地一家定位高端的餐厅，这里有精美的壁画，木制的桌椅，给人一种高雅而自然的感觉。餐厅在经典的地中海风味美食上进行创新，制造出令人印象深刻的美味。

地址：Lisikratous 4,Athens
交通：从希腊民间艺术博物馆向西南方向步行约400米可到
网址：www.daphnesrestaurant.gr
电话：021-03227971

2 Furin Kazan

Furin Kazan是希腊民间艺术博物馆附近的一家餐厅，主营日本美食。这里除了寿司、生鱼片等日本传统食品，还有饺子、春卷等为中国人所熟悉的美食。

地址：Apollonos 2,Athens
交通：从希腊民间艺术博物馆向北步行约200米可到
网址：www. furin-kazan.com
电话：021-03229170

雅典卫城

雅典卫城（Acropolis of Athens）是希腊最杰出的古建筑群。雅典建立在海拔100多米的石灰岩山冈上，三面被悬崖包围，人们只能由西面步行上去。卫城在希腊语中被称作"阿克罗波利斯"，意思就是"高处的城市"。雅典卫城建造于公元前5世纪，那时的希腊人打赢了希波战争，成为全希腊的盟主，因此以当时最高水平建造了古希腊圣地建筑群。这里曾经矗立着高大雄伟的宫殿、金碧辉煌的庙宇，还有巨大的露天庙宇和宽阔的街道等。

旅游资讯

地址：Acropolis of Athens, Athens
交通：乘坐地铁2号线在Akropoli站下车可到
网址：www.odysseus.culture.gr
票价：成人12欧元，优惠价6欧元
开放时间：8:00～20:00
电话：021-03214172

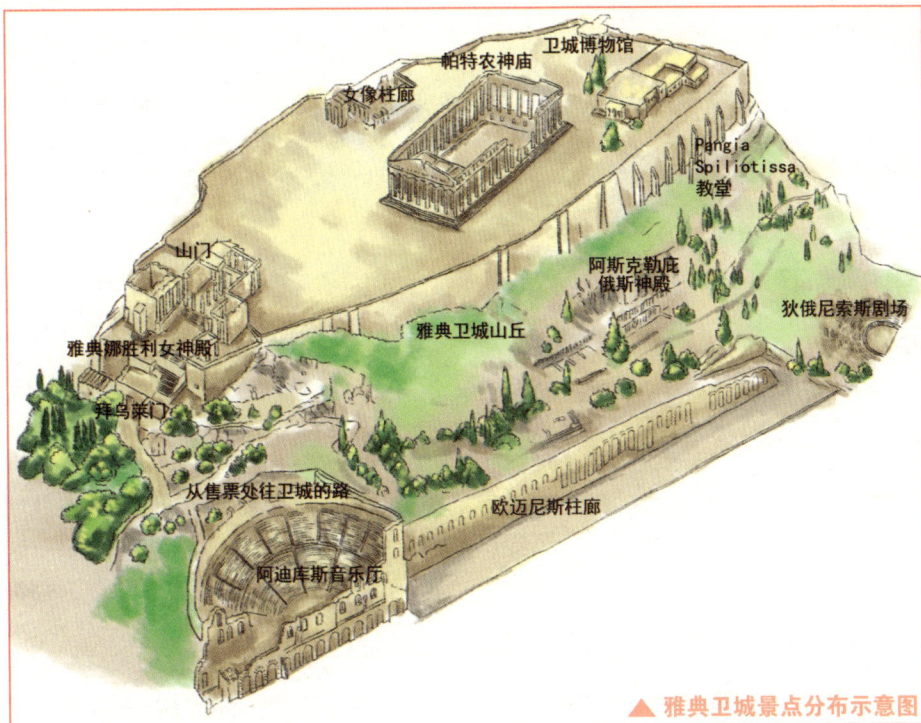

女像柱廊　帕特农神庙　卫城博物馆

Panagia Spiliotissa 教堂

山门

阿斯克勒庇俄斯神殿

雅典卫城山丘

狄俄尼索斯剧场

雅典娜胜利女神殿

拜鸟莱门

从售票处往卫城的路

欧迈尼斯柱廊

阿迪库斯音乐厅

▲ 雅典卫城景点分布示意图

山门

　　山门（Propylaea）是古代卫城的入口，位于卫城西端陡坡上。由于地势不平，山门的正面高18米，侧面高13米，因地制宜地做成了不对称的结构。山门有5座大门，在古代它们是去往"众神之城"的唯一通道，最大的中门直接通往雅典娜节日大道（Panathenaic Way）。山门的巨大门廊原本是有屋顶的，后来因雷击遭到破坏，现仅剩下两侧的维多利亚式圆柱和爱奥尼亚式圆柱。

★★★ 旅友点赞

　　卫城的山门作为卫城的入口，地势险要，大有"一夫当关万夫莫开"之势。天气晴好的时候从这里能看到远处地中海上的岛屿和山峦。壮丽宏大的山门在建筑史上也是一个伟大的杰作，德国柏林最为著名的勃兰登堡门，就是以这个柱廊式山门为蓝本而建的。

帕特农神庙

　　帕特农神庙（Parthenon）坐落在雅典卫城中心，是希腊有史以来最大的神庙。帕特农神庙有"希腊国宝"之称，被认为是多立克式建筑艺术的极品，当初建造帕特农神庙是为了供奉巨大的雅典娜神像，同时也被用作新的国库。雅典娜神像曾供奉在神庙的内室，位于神庙的东端。相传神像是木制骨架，除去底座还有12米高，神像面部、手和脚都是由象牙雕成，眼睛由宝石做成。不过，在5世纪，雕像被运到君士坦丁堡后消失不见。

073

帕特农神庙高踞在雅典卫城的中心位置，视野极佳，站在这里极目远眺，繁华的城区甚至远处的海面，都能尽收眼底。曾经的帕特农神庙奢华至极，就像镶嵌在雅典卫城的一颗闪亮明珠。在历经2000多年的风雨之后，从坍塌的庙宇和斑驳的柱廊还是可以看出神庙当年的丰姿。

依瑞克提翁神殿

依瑞克提翁神殿（Erechtheion）位于帕特农神殿左边，建于悬崖边缘，整体建筑也依照地势依次低下去。依瑞克提翁神殿汇集了雅典卫城大部分的神像雕塑，其中最著名的是6座少女像。少女像其实是支撑少女门廊的6座石柱。由于少女的头部要支撑沉重的殿顶，颈部不能太细，于是设计者从少女颈部垂下一缕秀发，增大了受力面而不失美丽，又将花篮置于头顶作为柱托，可谓匠心独运。

狄俄尼索斯剧场

狄俄尼索斯剧场（Theatre of Dionysios）位于雅典卫城南侧，原为木制结构剧场，后由来库古用石头在原有木结构建筑上进行了重建。重建后的剧场能容纳1.7万人，有64排座位，其中约有20排保留至今。剧场座位多用石灰石制成，前排的60多个座位是用大理石制成，节日期间专供官员和地位显赫的牧师使用；位于中部的是最豪华的座位，可以清晰地看到座位两边保存完好的狮爪凳腿。

依瑞克提翁神殿中最著名的就是少女雕像，在希腊的灯箱广告上和到处可见的旅游宣传材料中，那几个身着长裙的少女石柱是出境率最高的艺术造型，可以说代表着希腊神庙建筑的艺术精华。不过为了保护遗迹，现存在神殿中的少女像是石膏仿制品，真品收藏在山脚下的卫城博物馆中。

狄俄尼索斯是希腊神话中的葡萄酒神，因此这里也叫酒神剧场。狄俄尼索斯还护佑着希腊的戏剧文化，所以这里还可以称为希腊戏剧的发源地。据说当年在剧场的中心扔下一枚硬币，在最高的座位都能听见。如今的剧场荒草萋萋，旧石斑驳，引人无限感慨。

雅典娜胜利女神殿

雅典娜胜利女神殿（Temple of Athena Nike）是曾居住在雅典的多利亚人与爱奥尼亚人共同创造的建筑艺术杰作。这座小型神殿前后有 4 根爱奥尼亚式列柱，柱廊雕饰精美，可以称为古希腊建筑艺术的高峰。

★★★
旅友点赞

雅典娜胜利女神殿又叫做无翼胜利女神庙，里面曾供奉有一尊没有翅膀的雅典娜神像，相传是在战争中力求胜利的雅典人，故意把胜利女神的翅膀切下，以求胜利长留。

晚上在哪儿 玩

天色将晚，畅游在古老雅典卫城中的你是否还无法从众多古迹中回过神来？那就继续沉浸在厚重的卫城历史中吧，如果运气够好，可以去希德罗·阿迪提斯剧场来一场完美的音乐之旅。

希德罗·阿提库斯剧场

希德罗·阿提库斯剧场（Odeon of Herodes Atticus）建于161年，是世界上最古老的剧场之一，也是当时最杰出的建筑物之一。剧场最初由一个名叫希德罗·阿提库斯的罗马人为纪念其妻修建，在沉寂千年之后才被发掘出来。古老的希德罗·阿提库斯剧场目前还在使用，尽管没有扩音设备，但在剧场中的任意位置都能听清楚舞台上的声响。神奇的音响效果，唯美绝伦的建筑配上卫城的恢弘气势，使这里成为许多音乐家们梦寐以求的演出场所。

地址：Odeon of Herodes Atticus, Athens
交通：乘坐地铁2号线在Akropoli站下车可到
票价：免费
开放时间：希腊节期间及演出期间对外开放

希德罗·阿提库斯剧场

Day 3 雅典国立考古博物馆→风之塔→古安哥拉遗址

看过了雅典城内最著名的雅典卫城，在雅典的最后一天，就去看看那些名气不大却很值得去的景点。

雅典第3天行程		
时间	目的地	行程安排
10:00 ~ 12:00	雅典国立考古博物馆	上午可以去雅典国立考古博物馆，这里的藏品很多，海神波塞冬铜像、少年和马铜像、拳击少年壁画等都值得参观
12:00 ~ 14:00	午餐	由于雅典国立博物馆距离风塔比较远，所以你需要乘坐地铁到达。为了方便，你可以在地铁站附近的Thanasis餐厅用餐
14:00 ~ 15:00	风之塔	到达风之塔以后，除了参观风之塔以外，你还可以在风之塔附近逛一逛，也许会有一些新奇的发现
15:00 ~ 18:00	古安哥拉遗址	接下来可以去古安哥拉遗址，如今这里还保存着许多雕像，不容错过
18:00 ~ 20:00	协和广场	参观完古安哥拉遗址，天色暗了下来，这时候你可以到协和广场上逛一逛

▲ 雅典第3天行程路线示意图

雅典国立考古博物馆

雅典国立考古博物馆（National Archaeological Museum）建于19世纪，是雅典众多博物馆中最大、收藏最丰富的一个，也是世界上最主要的历史和考古博物馆之一。雅典国立博物馆展示馆分为两层，有50间展示室，内有文物近2万件，可谓集古希腊文物之大成。著名藏品有阿伽门农的黄金面具、海神波塞冬铜像、少年和马铜像、拳击少年壁画等。

旅游资讯

地址：28is Oktovriou 44, Athens
交通：乘坐18、19路有轨电车在AΦETHPIA站下车即到
网址：www.namuseum.gr
票价：成人7欧元，18岁以下免费
开放时间：8:00～20:00
电话：021-32144890

旅友点赞

雅典国立考古博物馆中的珍品非常多，绝对值得你在这里花一天的时间细细观赏，如果时间不够，可以先参观"众神全家福"展示厅，那里集聚了博物馆的精华。在博物馆中比较有趣的是一尊不明身份的雕像，因为对于波塞冬和宙斯这对亲兄弟，有时要靠他们手中的武器来区分彼此，波塞冬使用三叉戟，而宙斯使用"雷霆"。当年这尊雕像被发现时，并未找到手中的武器，所以至今还不能确定他的身份。

Tips

雅典国立博物馆中许多文物标示并不清楚，有的没有英文解说，如果英文比较好，最好在进馆前买本英文解说，这样能够帮助你更好地了解其中文物的来龙去脉。

中午在哪儿 吃

雅典国立考古博物馆距离风之塔比较远，需要乘坐地铁到达。你可以在地铁站附近寻找一些美食餐厅，省时省力地解决午餐。

1 Thanasis

Thanasis位于ΣΤ.ΜΟΝΑΣΤΗΡΑΚΙ地铁站附近，这并非一家严格意义上的希腊餐厅，但是这里的菜肴非常美味，尤其是希腊沙拉和烤肉串。

地址：Mitropoleos 69,Athens
交通：乘坐M1路地铁在ΣΤ.ΜΟΝΑΣΤΗΡΑΚΙ站下后向东南走约100米即到
电话：021-03244705

2 Melilotos

Melilotos提供丰富的菜肴，有青豆、番茄、马铃薯、香菜和薄荷做成的沙拉，还有意大利面、新鲜薯条、小牛肉丸、烤鱼片和蘑菇汤等。

地址：Kalamiotou 19,Monastiraki, Athens
交通：乘坐M1路地铁在ΣΤ.ΜΟΝΑΣΤΗΡΑΚΙ站下后向东北走约300米即到
网址：www.melilotos.gr
电话：021-03222458

风之塔

风之塔（Tower of the Winds）是保存得最好的古罗马建筑之一，也是希腊最著名的古天文建筑之一。它是一个用白色大理石建造的正八边形建筑，由于八个侧面标志东、南、西、北、西北、西南、东北和东南八个风向，故得名风塔。古时风塔顶部曾安有风向标，它每一个侧面的上部都刻有八面风向神的浮雕和日晷的标志。

旅游资讯

地址：Kirristou, Athens
交通：乘坐地铁M1、M3线路在ΜΟΝΑ-ΣΤΗΡΑΚΙ站下车后步行可达
票价：免费
开放时间：夏季8:30～19:30；冬季8:00～17:00

古安哥拉遗址

　　古安哥拉遗址（Ancient Agora）又称为雅典古市场，曾是集政治、教育、哲学、戏剧和运动等功能于一身的大型建筑物。如今在这里可以看到保存完整的火神赫淮斯托斯神庙、阿塔罗斯柱廊以及许多精美的雕像，如十二神像、海神像等。相传这里也是著名哲学家苏格拉底经常与人、探讨哲理的地方，因此吸引了无数的学者、游客来到这里，探寻早期智慧的摇篮。

旅游资讯

地址：Archea Agora Athens, Athens

交通：乘坐地铁M1、M3线路在ΣT.MON-AΣTHPAKI站下车后步行可达

票价：2欧元

开放时间：夏季8:30～19:30；冬季8:00～15:00

电话：021-03210185

▲古安哥拉遗址及其周边景点示意图

赫淮斯托斯神庙

赫淮斯托斯神庙（Temple of Hephaestus）位于古安哥拉遗址的西北侧，是世界上保存较完好的一座古希腊神庙，最初是多立克柱式建筑。神庙中供奉着古希腊神话中的火神和匠神赫淮斯托斯。

阿塔罗斯柱廊

阿塔罗斯柱廊（Stoa of Attalos）建于公元前2世纪，是当时的大百货商场。柱廊呈现希腊时期建筑风格，多立克、爱奥尼亚柱头并用，比起古典时期的建筑尺寸更大，也更细致。它是希腊遗迹中唯一被完全复原的建筑，现已经开辟成古安哥拉博物馆。

★★★ 旅友点赞

来到雅典，你可能因为雅典卫城的光芒太盛而忽略了这里。但是令人想不到的是，这里也曾繁华一时，熙熙攘攘，是雅典的商业、政治中心。这也是一个比较适合散步的地方，你可以一边在公元前的药物园和花园里漫步，享受着花香和温馨，一边在此遥望高处的雅典卫城。

晚上在哪儿玩

参观完古安哥拉遗址，天色也暗了下来，这时候你可以找一个热闹的街区，吃顿晚饭，逛逛街，体验一下夜晚中的雅典风光。

协和广场

协和广场（Plateia Omonoias）也称欧摩尼亚广场，是雅典的主要街道之一。这里聚集了许多大型的剧院、百货公司和商店，购买日用百货可以到这里来。

地址：Leoforos Eleftheriou Venizelou6
交通：乘坐地铁M1、M2线在ΣT.OMON-OIAΣ站下车即到

如果多待一天

　　如果可支配的时间比较多，或者对雅典这座城市意犹未尽，可以在雅典再安排一天。这一天你可以去游览一下那些没来得及去看的景点，或者品尝一下这里的美食，也可以去购买当地的特色商品，又或者去尽情娱乐一番。

多待一天 的游玩

　　雅典的景点很多，3天的时间也会让你的行程稍显紧张，在这多出来的一天里，你可以去希腊没玩到的景点看看，也透彻地去了解这个城市。

1 拜占庭基督博物馆

　　拜占庭基督博物馆（Byzantine & Christan Museum）原为一座佛罗伦萨式的别墅，20世纪30年代改为博物馆，专门收藏5～15世纪拜占庭时期的文物。博物馆中除了具有早期基督教特征的雕刻作品、拜占庭时期的巨幅画作以及各种神像等，还有重建的5～6世纪的长方形教堂以及11世纪拜占庭式的十字形教堂。

地址：Leoforos Vasilissas Sofias 22
交通：乘地铁3号线至Evangelismos站下可到
票价：成人4欧元，学生2欧元
开放时间：周二至周日8:30～16:00
电话：021-32139527

2 希腊手稿博物馆

　　希腊手稿博物馆（Epigraphical Museum）是世界上第三大收藏古代手稿的博物馆。博物馆收藏有古代手稿文物及文献上万余件，多以拉丁文书写在羊皮、布帛上，飘逸美观，古色古香，散发着浓浓的历史气息。

地址：Tositsa 1, Athens
交通：乘地铁3号线至Evangelismos站下步行可到
票价：免费
开放时间：周二至周日8:30～15:00
电话：021-08217637

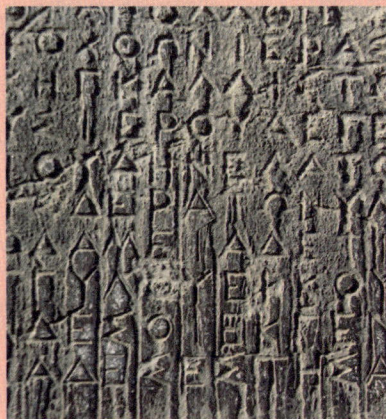

奥林匹克竞技场

奥林匹克竞技场（Panathenaic Stadium）又称为"泛雅典体育场"，这是一座马蹄铁形状的竞技场，拥有相当厚重的历史底蕴。竞技场的前身可以追溯到公元前331年的泛雅典大会，当时的场地十分简陋。17世纪末，为追忆古奥林匹克精神，雅典的扎巴和阿维诺夫出资，仿造古希腊竞技场的格局建造了该竞技场。1896年，第一届近代国际奥林匹克运动会就在这里举行。

地址：Vasileos Konstantinou Avenue, Athens
交通：乘坐地铁2、3号线至Syntagma站下车，向东南方向步行15分钟后可到
开放时间：3～10月8:00～19:00；11月至次年2月8:00～17:00
电话：021-07522984

★★★ 旅友点赞

在竞技场门口的墙壁上镶嵌着五色环，内部有着黑色的跑道和白色的大理石座位，还有记录近代奥运会举办地的碑文。2008年，北京与雅典奥委会就是在这里的奥运圣火坛完成了奥运圣火的交接仪式。

雅典奥林匹克体育中心

雅典奥林匹克中心（Main Olympic Stadium）位于雅典市中心东北约10千米处，是2004年雅典奥运会的主会场。巨大的体育场里设有多个体育馆，最为著名的是由西班牙建筑师圣地亚哥·卡拉特拉瓦设计的钢筋玻璃屋，以及融入了未来派设计元素的国家墙。整个体育中心主要由奥林匹克体育场、奥林匹克运动厅、水上运动中心、网球中心和室内单车中心等多个部分组成。

地址：Kifissias avenue 37,Athens
交通：乘坐地铁1号线Lrini下车可到
电话：021-06834060

多待一天的美食

由于优越的地理位置，希腊一年四季都有各种各样的时令蔬果和海鲜，因此在希腊食谱中果蔬和鱼会占据很大地位。希腊菜肴的做法多以烧烤为主，偶尔也有步骤复杂的炖焙食物，常用的蔬菜有西红柿、茄子、土豆、青豆、青椒和洋葱等。一顿典型的希腊大餐包括一份热汤或葡萄酒、一道莴苣色拉、一道热的肉菜或海产品，加上一小篮面包，饮食结构非

常均衡。另外，希腊人在烹饪时多使用橄榄油和奶酪，这对人体健康也是大有裨益。

雅典的餐馆多集中在城山脚下、普拉卡老城区和Monastiraki周围。这里除了各国风味餐厅，也有一些地道的希腊餐厅，藤编的椅子和小巧的蓝色桌子极具希腊风情。

1 To Steki Tou Ilia

To Steki Tou Ilia是当地很受欢迎的一家餐馆，这里最出名的美味是烤羊排，另外还供应烤牛排、薯片、沙拉等食物。餐厅主要在夜间营业，外面有摆放的桌椅，你可以边看街景，边享用美食。

地址：Eptachalkou 5, Athens
营业时间：20:00至深夜
电话：021-03458052

2 EAT AT MILTON'S

EAT AT MILTON'S是一家装饰精美的餐厅，有着安静而优雅的就餐氛围。餐厅提供沙拉、意式面点以及希腊传统菜肴等美食。

地址：Adrianou 91, Athens
网址：www.eatatmiltons.gr
营业时间：10:00~12:30
电话：021-03249129

3 Fisherman's Taverna

Fisherman's Taverna是一家历史悠久的餐馆，海鲜是这里的主打菜。你可以在悦耳的音乐中，坐在阶梯上一边畅饮甘醇的白葡萄酒，一边品尝美味的海鲜，感受雅典原汁原味的生活方式。

地址：Erechtheos 16, Athens
网址：www.psaras-taverna.gr
营业时间：10:00至次日0:30
电话：021-03218733

4 Platanos Taverna

Platanos Taverna是当地一家传统的小餐馆，装饰得朴实而温馨。这里提供可口的希腊家常菜，有羊肉、烤鱼等。另外，这里的桶装松香味葡萄酒受到很多顾客的欢迎。

地址：Diogenous 4, Athens
交通：乘坐025、026、027等路公交在MHTΡΟΠΟΛΗ站下，向南步行可到
电话：021-03220666

多待一天 的购物

对众多热衷于购物的游客来说，雅典是购物的好去处。雅典市区有许多步行街，那里不仅聚集了很多高档店铺，还有一些出售特色商品的小铺子。雅典的普拉卡地区是市内最繁华的地区之一，这里店铺林立。在这里购物，你不仅可以货比三家，还可以砍价。

1 普拉卡旧市街

普拉卡旧市街是普拉卡区最热闹的地方，这里的店铺鳞次栉比，尤其是小饮食店众多，有点类似于国内的小吃街。另外这里也是购买纪念品和小礼物的天堂，这里的价格要比其他地方相对便宜一些，但是想要以合适的价格买到心仪的宝贝，还需要一些讨价还价的功夫。

> 地址：Kapnikareas,Athens
> 交通：从Filellinon街登到高处，然后往卫城方向转入Kidathineon街即到

2 蒙纳斯提拉奇跳蚤市场

蒙纳斯提拉奇跳蚤市场（Monastiraki Flea Market）是当地知名的跳蚤市场，许多当地人都在这里进行买卖交易，古董、家具和收藏品是这里的特色商品，不过需要你自己辨别。从宪法广场往西，Ermou路和Mitpropoleos路沿线都是市场区域。Ermou路上以皮革店出名，多

> 地址：Monastiraki Flea Market, Ifestou, Athens
> 交通：乘坐地铁M1、M3线在ΣT.MONAΣTHPAKI站下车即到
> 开放时间：古董店铺8:00～15:00；其余店铺8:00至次日0:00
> 电话：021-08707000

为皮草店，另外还有一些服装店；Mitropoleos路上有座雅典最大的东正教教堂，因此这里的气氛很有宗教气息。如果玩累了，周围还有很多咖啡店供你休息。

3 Melissinos Art

Melissinos Art是当地一家很有名的传统凉鞋店，店主Pantelis Melissinos的父亲就是著名鞋匠艺术家Stavros。Stavros曾为许多名人制作过凉鞋，比如甲壳虫乐队、索菲亚·罗兰等。更难能可贵的是，Pantelis依然延续着父亲不为名利所动的优秀品质，所以这里花样繁多的希腊传统凉鞋依然物美价廉。

> 地址：Agias Theklas 2, Psyrri
> 交通：乘坐地铁M1、M3线在ΣT.MONAΣTHPAKI站下车可到
> 网址：www.melissinos-art.com
> 电话：021-03219247

4 Amorgos

Amorgos出售各种希腊传统民间艺术品，各类小饰品、陶器、刺绣和店主亲手制作的木雕家具等商品琳琅满目，深受顾客喜爱。

> 地址：Kodrou 3, Palka
> 电话：021-03243836

5 Mesogaia

Mesogaia店面看起来不大，里面的货品却很丰富。店里主要出售雅典各地的特产，包括美味的奶酪、香草、蜂蜜、果酱、橄榄油和葡萄酒等。

> 地址：Nikis 和Kydathineon交叉路口，Plaka
> 电话：021-03229146

多待一天的娱乐

雅典给人不仅仅是雄伟、沧桑的形象，还是一个有着各种各样娱乐方式的城市，充满活力。而最能体现雅典活跃、激情一面的，当然是雅典的夜生活。夜幕降临，你可以出来吃饭、喝酒、看电影或者听音乐会。

1 Technopolis

Technopolis地区聚集了众多娱乐场所，整个地区充满了酒吧文化和艺术气息，是当地年轻人最喜欢来的地方。早上，这里会举办一些艺术展

地址：Pireos and Voutadon, Athens
网址：www.technopolis-athens.com
电话：021-03461589

览，会场是由几座废弃的工厂改造而成；到了晚上，这里的酒吧开始营业，早前的展览会场上开始举行现场音乐会等节目。另外，这一地区还有一些话剧院，常常上演一些现代话剧和古代戏剧，深受观众的喜爱。

2 Pallas Theatre

Pallas Theatre话剧院在宪法广场附近，是希腊表演艺术家聚集的地方。这里经常上演一些现代话剧或经典的大师作品。虽然这里大部分剧目都是用希腊语演出，对于外国游客来说理解起来可能有些困难，但是在那里你能被当地人对话剧的痴迷所感染，氛围非常好。

地址：Voukourestiou 5, Athens
交通：乘坐地铁蓝线在Syntagma站下即到
票价：30~50欧元
营业时间：9:00~20:00
电话：021-03213100

3 Dora Stratou Dance Theatre

Dora Stratou Dance Theatre位于远离市区的海边，风景秀丽。每到夏天，Dora Stratou舞蹈团会在Filopappou山西侧的露天剧场上演希腊各地区的民间舞蹈，因其真实的表演以及精湛的技艺而广受好评，另外这里还会组织民间舞蹈培训班。

地址：Scholiou 8, Athens
网址：www.grdance.org
电话：021-03244395

4 帕伦克音乐厅

帕伦克（Palenque）音乐厅在当地很有名气，堪称"雅典的哈瓦那"。这里经常举办各种现场音乐表演。来自世界各地的艺术家们齐聚这里，展示个性十足的艺术，有时还会开设免费的探戈舞课程，如果来到雅典，千万不要错过这里。

地址：Farantaton 41, Athens
网址：www.palenque.gr
营业时间：20:00至深夜
电话：021-07752360

雅典住行攻略

雅典作为希腊的首都，又是著名的旅游城市，每年会有大量的游客到这里来，因此在雅典的住宿、出行都是比较方便的。

在雅典住宿

在雅典住宿，有类型多样的住宿地供你选择。雅典的酒店分为A、B、C、D、E几个等级，价格和住宿条件差别很大。在旅馆房间的背后通常挂有希腊国家旅游部门规定的收费标准。如果你想要住高档一些的宾馆，可以在市中心的宪法广场周围寻找；卫城南边和Makrianni地区有不少中档旅馆以及膳食旅馆；普拉卡及其周边也会有各种价位的住宿地供你选择。

对雅典的多数旅馆来说，住宿费用中一般都包含了早餐费用。办理入住手续时一般需要你提供护照，退房时交款拿回护照。每年的7、8月份是雅典的旅游旺季，这时性价比比较高的酒店经常客满，而且价格也会比淡季高很多，所以如果此时入住一定记得在网上提前预订。

1 雅典国际青年旅舍

雅典国际青年旅舍（Athens Youth Hostel）地处繁华的市中心，周围有超市、餐厅、药店等，生活比较便利。旅馆有一间带用餐区的公共厨房、一台公用洗衣机，提供免费无线网络连接。旅馆早晨应要求供应5种不同风味的早餐，不过需额外收费，约为2.5欧元每人。旅游咨询台的工作人员可以协助客人办理旅游相关门票预订。

地址：Viktoros Ugo 16, Athens
参考价格：6人间床位约7.5欧元/晚，4人间床位约13欧元/晚，双人间床位约22欧元/晚
电话：021-05234170

2 卫城酒店

卫城酒店（Hotel Acropolis House）是位于热闹的普拉卡地区的家庭旅馆。这座旅馆位于一座颇有历史的建筑中，客房带有隔音玻璃、免费无线网络以及精致的家具，大多数客房配有冰箱。酒店前台提供24小时服务，并可协助安排旅行、提供旅游资讯。

地址：Kodrou 6, Athens
网址：www.acropolishouse.gr
参考价格：单人间35欧元起，双人间45欧元起
电话：021-03222344

3 皇家奥林匹克酒店

皇家奥林匹克酒店（Royal Olympic Hotel）是市中心一家豪华的五星级酒店，从客房可俯瞰宙斯神庙或泳池花园。酒店的空调客房设有隔音设施、办公桌、浴室设施和浴袍；卫星电视、有线电视和收音机则是客房的标准配置。酒店的休闲设施包括游泳池、图书馆和健身房，无线网络覆盖整座酒店。

地址：Athanasiou Diakou 28, Athens
网址：www.royalolympic.com
参考价格：双人间100欧元起
电话：021-09288400

雅典其他住宿地推荐				
名称	地址	电话	网址	费用
Marble House Pension	Anastasion Zinni 35, Athens	021–09234058	www.marblehouse.gr	单人间45欧元起
Acropolis View Hotel	Gouemster 10 Athens	021–09217305	www.acropolisview.gr	单人间55欧元起，双人间80欧元起
Niki Hotel	Nikis 27,Syntagma, Athens	021–03220913	www.nikiathenshotel.com	单人间80欧元，双人间95欧元
Plaka Hotel	Kapnikareas 7, Athens	021–03222096	www.plakahotel.gr	双人间120欧元起

在雅典出行

　　经过2004年雅典奥运会时期的改善，雅典的市内交通越来越方便，你可以选择地铁、公交车、有轨电车、观光巴士、出租车或者自行车在市内出行。

地铁

　　雅典有3条地铁线路，分别为绿色1号线、红色2号线和蓝色3号线。雅典地铁在每天的5:30～23:30运营，辐射范围覆盖了雅典市区的大部分景点。

雅典地铁信息	
路线	详情
1号线（绿线）	从Kifissia至比雷埃夫斯的路线。经过比雷埃夫斯（可去港口）、Monastiraki、Omonia广场（市中心）、Viktorias广场（国家考古博物馆）和Irini（奥林匹克体育场）。1号线分为3个区间：比雷埃夫斯 – Monastiraki；Monastiraki – Attiki以及Attiki – Kifissia。其中一个区间的票价为0.7欧元，乘坐两个区间或以上票价为0.8欧元
2号线（红线）	从西北部的Sepolia到东南部的Dafni的线路。途经Larisa（可到火车站）、Omonia广场、Panepistimiou、Syntagma广场（市中心）和Akropoli（Makrigianni）。票价0.8欧元
3号线（蓝线）	从Syntagma广场向东北至Ethniki Amyna的线路。其中在Evangelismos站可去Vasilissis Sofias大街的博物馆，在起点Syntagma广场站可换乘2号线，终点EthnikiAmyna有开往机场的公交车。票价0.8欧元

公交车

　　雅典的公交车主要有蓝色和黄色2种。蓝色公交的车牌号为3位数，往返于市中心和郊区，票价约为0.4欧元；黄色公交车牌号为2位数，主要通往市内各个旅游景点，共17条线路，观光常用的有1、5、9、10等路，票价约0.2～0.3欧元。

　　雅典公交车一般在5:00至次日的0:15运营，部分线路可能不同。公交车上一般无人售票，因此你需要在车站、指定摊点等地提前购买车票。如果想要了解更多关于雅典的城市交通，可拨打电话815咨询，或登录www.oasa.gr查询。

有轨电车

　　雅典市区的有轨电车主要有3条线路，基本能覆盖从宪法广场到雅典南部沿海的主要观光区域。有轨电车的单程票价约为0.6欧元，需要提前购买；有轨电车的运行时间在工作日是早5:00至次日1:00，周五晚上到周日则是24小时运营。

如果你在行程中需要换乘地铁或公交车等交通工具，也可以购买售价1欧元的单程通票，这种通票可在90分钟内无限次换乘市内的地铁、公交车和有轨电车。

雅典出租车公司预约电话	
出租车公司	电话
Athina	021-09217942
Enotita	8011151000
Ikaros	021-05152800
Kosmos	18300
Parthenon	021-05323000

Tips

凌晨2:00～3:00为出租车司机交班时间，这段时间可能比较难打到车。另外，雅典有些出租车司机会在行驶线路上揽客拼车，为不同地段上车的乘客分别计价。为保障自身权益，游客最好不要接收司机开出的一口价，可以要求对方打表计费。

观光巴士

对于到雅典旅行的游客来说，观光巴士也是个不错的交通方式，目前观光巴士线路有红线和蓝线两条线路。红线巴士主要在雅典市内、卫城周边游览，运行时间90分钟，价格为18欧元；蓝线巴士主要是从卫城周边到Piraeus码头，运行时间70分钟，价格约22欧元。

两条观光巴士线路各有20多个停靠站店，乘客可持票在任意站点上下车，并在一天内可以无限次乘坐相关线路。观光巴士的车票可以提前在车站购买，也可以选择在网上（www.citysightseeing.gr/online-ticket）预订电子票。

出租车

雅典的出租车呈黄色，非常容易辨认。目前雅典出租车的起步价约为3欧元，通常每千米0.68欧元，夜间0:00～5:00为1.19欧元每千米。如果要到港口、火车站等地，还需要另外支付1.07欧元的附加费；如果要去机场，则需支付3.2欧元附加费以及2.7欧元的过路费；对于超过10公斤的行李，每件加付0.4欧元；如果通过预约叫车，需要支付2.5欧元的预约费。

自行车

在雅典，如果你当天的行程距离不是太远，还可以选择骑自行车游览雅典市区。Athens by bike公司（www.athensbybike.gr/en）提供自行车租赁服务，凡是年满18岁的游客都可以凭护照在Athens by bike公司租赁自行车。自行车的基本租金：3小时为5欧元/辆；6小时为8欧元/辆；24小时为12欧元/辆。自行车租金需要提前支付，另外游客还需支付一定比例的押金。A thens by bike可以按照游客指定的提车点安排车辆，但游客需要根据距离支付额外的提车费。

从雅典至德尔斐

德尔斐位于雅典西北约180千米处，从雅典到德尔斐每天有往返的长途巴士。如果你对自驾比较感兴趣，也可以自己租车自驾前往。

长途巴士

从雅典到德尔斐有长途巴士往返。你可以在雅典的BUS TerminalB站乘坐前往德尔斐的巴士，这里每天发出5班车到德尔斐，到达德尔斐用时2.5小时左右，车票单程约15欧元，往返在30欧元左右。

自驾

德尔斐距离雅典不算太远，如果你想要欣赏沿途的风景，可以选择自驾。从雅典到德尔斐有半程的高速，用时在2个小时左右，路上缴费约4.5欧元，油费约45欧元。

到达德尔斐

德尔斐（Delphi）因这里的历史古迹而闻名海内外，著名的德尔斐神谕就在这里颁布。古希腊人还认为，德尔斐是地球的中心，是"地球的肚脐"，至今这里还保存着一块神奇的卵形石，被称为"大地之脐"。希腊神话中的阿波罗被认为是这里的保护神，因此这里的许多遗迹都与阿波罗有关。作为曾经繁荣一时的城市，这里有保存完好的古剧的场、巨大的石运动场以及古室内运动场，雄伟的古迹群诉说着这里昔日的景象。

如何到市区

德尔斐城区的入口处即是长途巴士站。如果你打算先去市中心，可以在城市入口处下车，沿着Y字形的道路的右侧前行，即可看到许多店铺和餐馆。

德尔斐1日行程

德尔斐是个比较小的城市，除了德尔斐遗址和德尔斐博物馆，基本没有别的景点可以参观了，因此在这里只安排了一天的时间进行游玩。

Day 4　德尔斐博物馆→德尔斐遗址

德尔斐博物馆位于从城区前往德尔斐遗址的路上，所以先参观这座博物馆，下午再去参观德尔斐遗址。傍晚的时候，你还可以乘坐班车返回雅典。

德尔斐1日行程		
时间	目的地	行程安排
10:00~12:00	德尔斐博物馆	上午可以去参观德尔斐博物馆，该馆收藏了很多艺术品，实在不容错过
12:00~14:00	午餐	德尔斐遗迹附近比较荒凉，没有什么吃饭的地方，所以建议回市区解决午餐，不妨在Epikouros Restaurant用餐
14:00~17:00	德尔斐遗址	德尔斐遗址处于德尔斐城区外约8千米处的悬崖峭壁下，主要由阿波罗神庙、雅典娜神庙、剧场、体育训练场和运动场组成，其中最有名的是太阳神阿波罗的神庙
17:00~19:30	返回雅典	参观完德尔斐遗迹之后，当地也没什么特色的娱乐项目可以玩，你不妨踏上返回雅典的路程

德尔斐古剧场
Delphi Theatre

Delphi

Αρχαιαλογθκôς
Χωρος
Καατααλια Πηγη

阿波罗神庙
Temple of
Apollo at Delphi

德尔斐遗址
（Delphi）

B

雅典娜神庙
Sanctuary of
Athena

AB约600米，
步行约10分钟

ΕΟ Αμφασσεος Λημασσεος

德尔斐博物馆
（Delphi Archaeolo
gical Museum）

A

▲ 德尔斐1日行程路线示意图

德尔斐博物馆

　　德尔斐博物馆（Delphi Archaeological Museum）坐落在从德尔斐城区前往德尔斐遗址的路上，它是希腊最重要的博物馆之一，其藏品主要来自德尔斐遗址。博物馆中收藏了非常丰富的艺术品，许多都与希腊神话有关，包括王子帕里斯、狮身怪兽斯芬克斯、美神阿佛洛狄忒、大力神赫拉克勒斯、喜欢冒险的特修斯、亚马孙人（女战士）等。其中最引人注目的是被称为"大地之脐"的卵形石和用金银、象牙等制成的阿波罗和阿尔忒弥斯的神像。

旅游资讯

地址：Delphi Archaeological Museum,Delfi

网址：www.in-delphi.gr

票价：博物馆门票3欧元，遗址门票6欧元，联票9欧元

开放时间：夏季周二至周日7:30～19:00，周一11:00～19:00；冬季周二至周日7:30～17:00，周一11:00～17:00

★★★

旅友点赞

　　德尔斐博物馆中收藏了很多珍贵的文物，简直让人目不暇接。许多人到这里来都想要看一看著名的"大地之脐"，走进入口就可以看到楼梯，从右侧的楼梯上去是文物陈列处，"大地之脐"就展示在楼梯的拐角处。另外第10展览室的《青铜御者之雕像》也是不可错过的。

中午在哪儿吃

德尔斐遗址附近比较荒凉，没有什么吃饭的地方，所以吃午饭时你可以回到市区去，找个环境优美的当地餐厅饱餐一顿。

Epikouros Restaurant

Epikouros Restaurant是一家颇有古朴风格的餐厅，整体建筑以木材和岩石为主。这里提供各种各样的希腊菜肴，冬天的周末还会有气氛热烈的"现场音乐之夜"。

地址：33, Vas. Pavlou and Freiderikis str, Delphi
网址：www.epikouros.net
电话：02265-083250

德尔斐遗址

德尔斐遗址（Delphi）处于德尔斐城区外约8千米处的悬崖峭壁下，在巨大的斜坡上建立起如此众多的神庙和宝库，显示了古希腊人对神示的崇敬。德尔斐遗址主要由阿波罗神庙、雅典娜神庙、剧场、体育训练场和运动场组成，其中最有名的是太阳神阿波罗的神庙。

旅游资讯

地址：Delphi
交通：可乘从雅典来的巴士在遗址前的巴士站下
票价：约10欧元（与德尔斐博物馆是通票）
开放时间：7:30～20:00
电话：02265-082312

旅友点赞

德尔斐遗址是最受游客欢迎的景点之一，是充满神秘感的古希腊遗迹。在希腊神话中，宙斯神为了确定"世界的中心"，从相反方向放出两只老鹰，并认定相会的地方就是"世界的中心"，两只老鹰就是在德尔斐相会，因此这里在古希腊人的心目中享有极崇高的地位。

阿波罗神庙

　　阿波罗神庙（Temple of Apollo at Delphi)是德尔斐遗址中最为重要的遗址群，建于公元前7世纪。由神庙区东部偏南的大门进入圣地，沿"之"字形圣路而上，可到达阿波罗神庙和露天剧场，圣路两旁有供奉诸神而兴建的礼物库、祭坛、纪念碑、柱廊等古老建筑。长方形的阿波罗神庙现存的遗址有7根长短不一的柱子。神殿上方是保存完好的公元前4世纪的半圆形露天剧场，此前它是一个进行双轮战车赛跑和角斗的大运动场。

德尔斐古剧场

　　德尔斐古剧场是德尔斐遗址中保存得相当完好的建筑，仅次于伯罗奔尼撒半岛上的埃皮达鲁斯古剧场。站在古剧场上，近处的阿波罗神庙、雅典娜神庙、圣庙等建筑，远处起伏的高山、深幽的峡谷和蓝色的海湾尽收眼底，令人心旷神怡。

雅典娜神庙

　　雅典娜神庙（Sanctuary of Athena）位于阿波罗神庙以南，这是一座独特的拱顶环柱式神庙，被认为是德尔斐遗址中最为迷人的建筑。雅典娜神庙3层台子分布着20根柱子，柱廊雕饰得十分精美，是建筑艺术的美丽结晶。

晚上在哪儿玩

　　参观完德尔斐遗址之后，由于当地没有特色的娱乐项目，所以你不必在德尔斐过夜。而且从德尔斐回雅典途中需要花费2.5小时左右，你不妨赶紧踏上返回雅典的路程。

如果多待一天

德尔斐本来就是一座比较小的城市，而且这里最主要的景点就是德尔斐遗址，基本上一天可以游完，当天返回雅典即可。当然，如果你被这里古老的氛围所吸引，想要多待一天，可以做以下安排。

多待一天的游玩

德尔斐古城带给人的视觉震撼是持久的，如果想要在这里多待一天，可以去传说中充满宿命感的俄狄浦斯路口看看，或者到附近风景优美的帕纳索斯山滑雪、攀岩或徒步。

1 俄狄浦斯路口

在希腊神话中，俄狄浦斯是个悲剧性的人物。据说就是在这个普通的三岔路口——俄狄浦斯路口（Oedipus Crossroads），俄狄浦斯在不知情的情况下杀死了自己的父亲，由此证实了强大的德尔斐神谕的悲剧性预言。

地址：在Davlia路标附近的山上约1.5千米处向下看即可看到

2 帕纳索斯山

帕纳索斯山（Mount Parnassus）位于德尔斐以北，其主峰利亚库拉峰高2400多米。帕纳索斯山周边一带植被变化显著，在帕纳索斯山坡上能看到丰富多样的动植物，如云杉、刺柏、番红花、郁金香以及狐狸、松鼠、秃鹰等。这里还是滑雪、攀岩和徒步的好去处。

地址：Mount Parnassus

3 伊利亚修道院

伊利亚修道院（Moni Profiti Ilia）是一座有着优美造型的修道院，位于距离德尔斐西北方向的山上。从这里向下看，能看到美丽宁静的科林斯湾。

地址：Moni Profiti Ilia,Hydra
开放时间：8:00～12:00，16:00～19:00
票价：免费

多待一天的美食

德尔斐的餐馆多集中在德尔斐市中心，德尔斐城市虽小，但是慕名远道而来的游客却不少，因此餐馆中常常挤满了来自世界各地的游客。如果不想在市中心吃，还可以去德尔斐东约10千米处的Arachova寻找美食。

1 Taverna Vakchos

Taverna Vakchos是一家以当地传统菜肴为特色菜的本地餐厅，在这里你可以品尝到独具特色的柠檬山羊奶酪，还可以尝尝希腊美酒。餐厅建在城中的高地上，在这里就餐还能够俯瞰科林斯湾的美丽景色。

地址：Apollonos 31, Delphi
网址：www.vakhos.com
营业时间：11:30～16:00、18:00～23:00
电话：02265–083186

2 To Archontiko

To Archontiko位于德尔斐以东约10千米处的Arachova，这是当地一家很受欢迎的餐厅。这里有美味的奶酪馅饼、希腊肉丸以及烤羊排，这里的葡萄美酒也是不可错过的。

地址：Arachova,Delphi
网址：www.toarhontiko.gr
电话：02267–031631

多待一天的购物

与德尔斐闻名退迩的古老遗迹相比，这里的购物显得有些单调，可以说德尔斐并不是个特别适合购物的城市。这里没有太大的购物场所，如果想要购物，你可以在狭窄的道路两侧的纪念品店里转转。

Karambeloussis Bros O.E.

Karambeloussis Bros O.E.位于德尔斐小城市区的入口处，算是德尔斐比较繁华的地方，只不过街道稍微有些狭窄。

地址：Friderikis 59, Delfi
电话：02265–082400

多待一天 的娱乐

在古老的德尔斐你是否想找个地方来感受一下这个城市人民的生活呢，那就来城中休闲优雅的咖啡厅吧。

1 PARNASSOS Café

PARNASSOS Café 是当地一家很受欢迎的咖啡厅。这里格调优雅，气氛温馨，充满复古的感觉。你可以在这里点一杯咖啡，细细感受当地人的生活。

地址：32, Vas. Pavlou and Friderikis str, DELPHI – Central Greece
网址：www. parnassos.org
营业时间：7:00 ~ 23:00
电话：02265–083208

2 Agora Café

Agora Café 是一家格局比较开阔的咖啡厅，咖啡厅内外都装饰成暖暖的咖啡色调，让人感到非常舒适。在这里你能品尝到各式美味的甜点。

地址：Friderikis 43, Delfi 330
网址：www.agoracafe.gr
营业时间：10:00至次日1:00
电话：02265–083116

德尔斐住行攻略

其实在德尔斐参观，白天的时间就已经足够，晚上可以乘坐大巴回到雅典，一般不需要在此住宿。而出行的话主要在德尔斐遗址，步行即可。不过德尔斐城中多阶梯，所以最好准备一双轻便的鞋子。

在德尔斐 住宿

在德尔斐一般不需要住宿，但如果你觉得有些疲惫或有其他安排，不想当天回雅典的话，德尔斐城中也有一些酒店供你选择。

1 卫城德尔斐酒店

卫城德尔斐酒店（Acropole Delphi Hotel）距离德尔斐中心约100米，从酒店出发可方便地前往考古遗址。酒店设有带卫星电视和壁炉的大堂，客房提供卫星电视、免费无线网络连接。

地址：Filellinon, Delphi
网址：www.delphi.com.gr
参考价格：单人间55欧元起，双人间60欧元起
电话：02265–082675

2 匹托酒店

匹托酒店（Pitho）位于德尔斐的市中心。酒店大堂中有开放式的壁炉，客房有空调、免费无线网络连接和观景阳台。

地址：Paulou & Frideikis 40A, Delphi
网址：www.pithohotel.gr
参考价格：单人间50欧元起，双人间65欧元起
电话：02265–082850

德尔斐其他住宿地推荐				
名称	地址	电话	网址	费用
Kouros Hotel	Friderikis 58, Delfi	02265-082473	www.kouroshotel.gr	单人间40欧元起，双人间45欧元起
Fedriades Delphi Hotel	V. Pavlou & Friderikis 46,Friderikis	02265-082370	www.fedriades.com	双人间约为200欧元
Hotel Varonos	Pavlou & Friderikis 25, Delphi	02265-082345	www.hotel-Varonos.gr	双人间55欧元起
Olympic Hotel	Freiderikis 59,Delphi	02265-082793	www.olympic-hotel.gr	双人间60欧元起

在德尔斐出行

德尔斐城市不大，游客的路线也多是从城内到德尔斐遗址，所以多数人选择步行。如果不想步行，每隔1小时有一班从德尔斐市区到德尔斐遗址的公交车，票价约为1.5欧元，用时约20分钟。

从德尔斐至塞萨洛尼基

从德尔斐前往塞萨洛尼基

如果你打算从德尔斐直接前往塞萨洛尼基，可以乘坐前往塞萨洛尼基的长途巴士，这种巴士每天一班，用时约5小时可到塞萨洛尼基，票价约为35欧元。

从雅典到塞萨洛尼基

如果你先从德尔斐回到雅典，再从雅典到塞萨洛尼基，那么有多种交通方式供你选择。

飞机

从雅典到塞萨洛尼基的航班很多，几乎每个小时都有飞机从雅典国际机场起飞前往塞萨洛尼基机场，飞行用时约1小时，费用50欧元起。

火车

从雅典到塞萨洛尼基的火车往来也比较频繁，每天有十几趟列车前往塞萨洛尼基，包括了只在大站停留的特快列车和在途中大小车站都停的地方列车，当然费用也有所差别。如果你想节省一些住宿费用，可以乘坐卧铺夜车，23:00左右就有一班，次日6:00左右能到塞萨洛尼基。

到达塞萨洛尼基

塞萨洛尼基（Thessaloniki）是希腊第二大城市，也是欧洲最古老的城市之一。悠久的历史在塞萨洛尼基市内留下了大量古希腊的遗迹，如伽列里乌斯宫殿、白塔、圣索菲亚教堂等。而在现代化进程中，这座城市逐渐有了时尚休闲的气息，城内街道纵横，路旁树木繁茂，到处都有鲜花，这座城市兼具了古老与现代的风采。

如何到市区

从机场到市区

塞萨洛尼基的国际航线和国内航线，都经由马其顿（Thessaloniki's Makedonia Airport，SKG）国际机场。马其顿国际机场（0231-0473212）位于市区东南约15千米处。从机场到市区你可以乘坐78路公交车，每半小时一班，从机场开往汽车站，途中会经过中央火车站；如果你选择乘坐出租车到达市区，费用约10欧元。

从火车站到市区

塞萨洛尼基的中央火车站（Monastiriou）位于市中心东南约6千米处，从中央车站可以乘坐78、8路公交车前往市里，用时约30分钟。

塞萨洛尼基2日行程

塞萨洛尼基是希腊的第二大城市，城中景点比较多，但由于旅行时间的限制，在这里只安排了2天的游玩时间。

Day 5 拜占庭文化博物馆→考古博物馆→白塔→伽列里乌斯宫殿

到塞萨洛尼基的第一天，可以从拜占庭文化博物馆逛起，简单吃过午饭之后再去考古博物馆、白塔和伽列里乌斯宫殿游玩。

塞萨洛尼基第1天行程

时间	目的地	行程安排
10:00 ~ 12:00	拜占庭文化博物馆	该行程的第1站是拜占庭文化博物馆，这里展示了拜占庭时期的文物，值得参观
12:00 ~ 14:00	午餐	从拜占庭文化博物馆出来以后，可以去附近的B Restaurant Cafe Bar吃顿简单的午餐
14:00 ~ 16:00	考古博物馆	吃完午饭以后，可以去参观考古博物馆，这里有很多贵重文物，值得一览
16:00 ~ 17:00	白塔	接下来可以去参观白塔，你可以登上白塔的塔顶，欣赏美丽的景致
17:00 ~ 19:00	伽列里乌斯宫殿	离开白塔以后，可以去参观伽列里乌斯宫殿，这座宫殿与罗马皇帝伽列里乌斯有关，值得参观一下
19:00 ~ 21:00	Mylos	游玩了一天之后，如果你有些疲惫了，可以早早回到酒店休息；如果你还没有玩尽兴，可以到Mylos娱乐一番

D 伽列里乌斯宫殿
（Palace of Galerius）

CD约0.9千米，
步行约14分钟

Thessaloniki
City Centre of
Architecture
塞萨洛尼基城市中心

C 白塔
（White Tower）

考古博物馆
（Archaeological
Museum）

BC约0.5千米，
步行约8分钟

AB约0.4千米，
步行约6分钟

B

亚历山大花园
Alexander's Garden

拜占庭文化博物馆
（Museum of
Byzantine Culture）

A

▲ 塞萨洛尼基第1天行程路线示意图

101

拜占庭文化博物馆

拜占庭文化博物馆（Museum of Byzantine Culture）主要展示拜占庭时期的文物，内有文物大约3000件，包括了精美的壁画、马赛克、刺绣、陶器和圣像等。在这里你可以充分了解拜占庭时代人们的日常生活。

旅游资讯

地址：Leoforos Stratou 2,Thessaloniki
交通：乘坐3、8、78N路公交在ΜΟΥΣΕ-ΙΟΒΥΖΑΝΤΙΝΟΥΠΟΛΙΤΙΣΜΟΥ站下可到
网址：www.mbp.gr
票价：4欧元
开放时间：周一13:00～19:30，周二至周日8:00～19:30
电话：0231-0868570

旅友点赞

这是一座现代博物馆，里面却收藏了很多拜占庭时期的珍品，这与这座城市的历史有关。塞萨洛尼基有众多建于拜占庭帝国（东罗马帝国）时期的建筑，仅是建于拜占庭时期的教堂就有近20座，如此集中体现拜占庭建筑风格的城市在欧洲其他城市很难看到。

中午在哪儿吃

拜占庭文化博物馆附近虽然比较繁华，却没有太多餐馆可以选择。为了方便，你可以在就近的B Restaurant Cafe Bar吃个简单的午餐。

B Restaurant Cafe Bar

B Restaurant Cafe Bar距离拜占庭文化博物馆非常近，这既是一家餐厅，也是酒吧和咖啡馆，内部布置十分雅致，从中午12:00点开始营业。

地址：Tuesday September 2nd Ave.
交通：从拜占庭文化博物馆向西北方向走约100米可到
网址：www.brestaurant.gr
营业时间：12:00至次日1:00
电话：0231-0869695

考古博物馆

旅游资讯

地址：Manoli Andronikou 6,Thess-aloniki

交通：乘坐11、11B、12、39等路公交在ΜΟΥΣΕΙΟ站下可到

网址：www.amth.gr

票价：4欧元

开放时间：8:30~15:00

电话：0231-0830538

★★★ 旅友点赞

考古博物馆距离拜占庭文化博物馆很近，外面是一个大型的石棺收藏点。这里与其他的考古博物馆有些不同，馆中收藏最多的不是古朴的陶器、织物，而是精美贵重的金属制品。除了著名的马其顿黄金，这里还有许多雕刻精致的人体雕像，以及各种类型的主题展览可以让你跟古老的马其顿来个亲密接触。

考古博物馆（Archaeological Museum）收集了在雅典历史遗迹和塞萨洛尼基地区发现的贵重文物，展示了从史前时期到古代马其顿及希腊化时期的历史。馆中保存了许多稀有的马其顿珍宝，其中最著名的是马其顿黄金（Gold of Macedon），显示了马其顿时期精湛高超的工艺技术。

白塔

白塔（White Tower）修建于15世纪，是塞萨洛尼基海滨的一座标志性建筑。白塔高约30米，呈圆柱形，里面有座小型的拜占庭艺术博物馆。塔内有螺旋式阶梯直达展厅，登上塔顶平台，能看到美丽的海滨景致。这里最初是港口的防御工事，后成为一座监狱。20世纪希腊夺回塞萨洛尼基后，在塔上升起了希腊国旗。从此，白塔成为塞萨洛尼基自由的象征。

旅游资讯

地址：Odos Nikis and Odos Pavlou Mela, Thessaloniki

交通：乘坐03、05、06、15、33等路公交车在ΛΕΥΚΟΣ ΠΥΡΓΟΣ站下车可到

票价：2欧元

开放时间：周一12:30~19:00；周二至周日8:00~19:00

电话：0231-0267832

　　塞萨洛尼基港口巡游车是当地一道特色景观。无论是白天还是傍晚，都可以看到一排排装扮成古希腊战船的摩托艇整装待发，从水边出发行至白塔，巡游时间为1个小时。你可以乘坐这种巡游车去白塔看爱琴海日落。虽然这种巡游车是免费的，但上船后需要消费一两杯酒水，通常一杯咖啡需要3欧元，葡萄酒6欧元。

伽列里乌斯宫殿

　　伽列里乌斯宫殿（Palace of Galerius）、拱门（Arch of Galerius）和伽列里乌斯墓室（Rotunda）是3座与4世纪早期的罗马皇帝伽列里乌斯有关的遗迹，横贯于一个被现代建筑包围的广场中间，常被称为"Kamara"。

旅游资讯

地址：Arch of Galerius Thessaloniki
交通：乘坐2、8、10、11路公交车在ΙΑΣΟΝΙΔΟΥ站下车步行可到
票价：免费
开放时间：周二至周日8:30～15:00

伽列里乌斯宫殿及拱门

　　伽列里乌斯宫殿是一座用红色石头建造的圆形教堂，经过历史的冲刷，现在这里只剩下马赛克地板残片、柱子和古墙。伽列里乌斯拱门是公元3世纪末为了为庆祝罗马君主战争胜利而建，上面雕有各种神态各异的浮雕，显示了那个时期的人文历史。

伽列里乌斯墓室

　　著名的伽列里乌斯墓室（Rotunda）位于拱门以北，是伽列里乌斯皇帝为自己死后修建的墓地，但是最终他并未能如愿。后来，君士坦丁大帝把它改建成了这里的第一座教堂，奥斯曼人又把它改成了一座清真寺。现在墓室中还有留存下来的壁画。

　　伽列里乌斯宫殿、拱门和伽列里乌斯墓室位于一座购物广场附近，当你看过了周边众多现代化的店铺，再看看这些古老的地板残片、柱子和古墙，会产生一种时空交错的感觉。

晚上在哪儿 **玩**

游玩了一天之后，如果你有些疲惫了，可以早早回到酒店休息；如果你还没有玩尽兴，可以到Mylos来。

Mylos

Mylos曾是一座古老的风车磨坊，现在这里已经变成有着许多俱乐部和餐厅的混合建筑。很多当地人晚上都喜欢到这里来。

地址：56 Andrea Georgiou Vilka, Thessaloniki
交通：乘坐16、23路公交车在ΔΙΟΙΚΗΤ ΗΡΙΟ站下可到

Day 6 马其顿奋斗史博物馆→圣索菲亚教堂→帕纳基亚·哈尔凯翁教堂→罗马广场

经过了一天的游玩之后，或许你对塞萨洛尼基这座城市已经有了大致的了解。在这里的第2天，你可以去体验一下塞萨洛尼基的另一种风情。

塞萨洛尼基第2天行程		
时间	目的地	行程安排
10:00~12:00	马其顿奋斗史博物馆	该行程的第一站是马其顿奋斗史博物馆，这里有一些战士们使用的旧武器，值得参观
12:00~14:00	午餐	参观完马其顿奋斗史博物馆以后，就到了吃午饭的时间，在Mongo Asian Food中能吃到来自家乡的美味
14:00~16:00	圣索菲亚教堂	吃过午饭以后，可以去参观圣索菲亚教堂，这座教堂气势恢宏，值得一览
16:00~18:00	帕纳基亚·哈尔凯翁教堂	接下来可以去参观帕纳基亚·哈尔凯翁教堂，这座教堂庄严肃穆，内部装饰独特
18:00~20:00	罗马广场	这一天的行程似乎少了一些活泼的气氛，晚上不妨到罗马广场放松一下

罗马广场
（Greek Agora and
Roman Forum）

CD约0.4千米，
步行约6分钟

帕纳基亚·
哈尔凯翁教堂
（Panagia Chalkeon）

ΠΛ
Δικαστηρίων

¥银行

BC约0.7千米，
步行约10分钟

国际青年旅馆

圣索菲亚教堂
（Church of
Agia Sofia）

AB约0.4千米，
步行约6分钟

马其顿奋斗
史博物馆
（Mousio
Makedonikou
Agona）

Mongo Asian Food餐厅

▲ 塞萨洛尼基第2天行程路线示意图

马其顿奋斗史博物馆

马其顿奋斗史博物馆（Mousio Makedoni-kou Agona）展示的是英勇无比的希腊革命者从外敌手里夺取马其顿的故事。这里展出了很多跟真人一样大小的马其顿战士的图案，还有很多战士们使用的旧武器。

旅游资讯

地址：Proxenou Koromila 23,Thes-saloniki

票价：免门票

网址：www.imma.edu.gr

开放时间：周二至周五9:00～14:00；周六10:00～12:00

电话：0231-0229778

旅友点赞

经过1821年希腊独立战争之后，塞萨洛尼基和马其顿仍处在外敌的统治下，后来由希腊革命者把它从外敌手里夺了回来，希腊人把这段历史称为"马其顿奋斗（Macedonian Struggle）"。

106

中午在哪儿
吃

从马其顿奋斗史博物馆到圣索菲亚教堂这一带比较繁华，周边有许多店铺、餐厅，因此不用走太远就能找到吃饭的地方。

1 Mongo Asian Food

Mongo Asian Food是马其顿奋斗史博物馆附近的一家亚洲风味餐厅，在这里你不仅可以吃到日本的寿司等美食，还能吃到中国风味的春卷。

地址：Mediterranean Cosmos,Thessaloniki
交通：从马其顿奋斗史博物馆向东北方向步行约100米可到
网址：www.mongo.gr
电话：0231-487886

圣索菲亚教堂

圣索菲亚教堂（Church of Agia Sofia）是著名的伊斯坦布尔圣索菲亚教堂的缩影。这座气势恢宏的建筑建于8世纪，体现了当时卓越的建筑艺术。在后来的伊斯兰清真寺建筑中，有许多都是以这座教堂为模板设计的。

旅游资讯

地址：Agia Sofia Square,Thessaloniki
开放时间：8:30~13:00、15:30~20:00

旅友点赞

在这座气势恢宏的教堂的穹顶上，用缤纷的马赛克描绘了基督升天的场景。站在教堂中抬头望去，感觉就像有神圣的光辉普照大地，显得神圣而迷人。

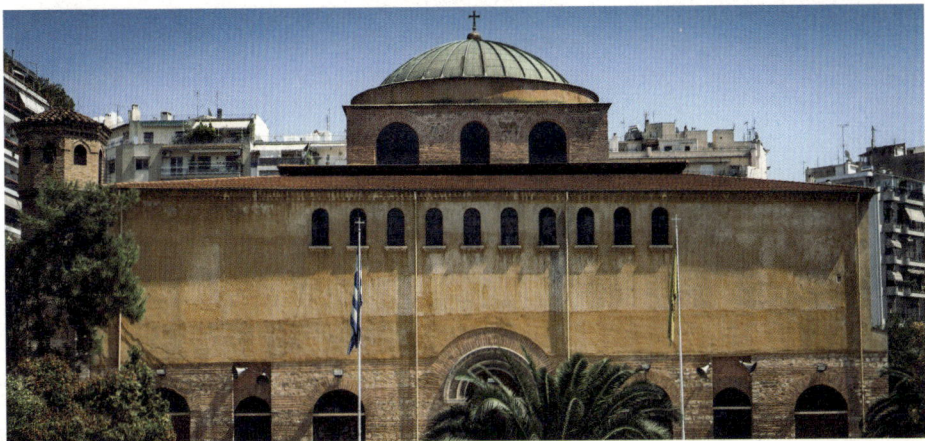

帕纳基亚·哈尔凯翁教堂

帕纳基亚·哈尔凯翁教堂（Panagia Chalkeon）位于艾格纳亚提街道和亚里士多德街道交叉处的大广场上，这座教堂建于11世纪，建筑的大部分由方砖建造，看起来庄严肃穆。

旅游资讯

地址：Chalkeon 2, Thessaloniki
交通：从圣索菲亚教堂向西北方向步行约700米可到

★★★
旅友点赞

帕纳基亚·哈尔凯翁教堂是供当时附近居住的铁匠等其他手工业者做祈祷的教堂，加上它又在土耳其时代的浴场遗址旁边，更增添了一份古老的气氛。

晚上在哪儿 玩

塞萨洛尼基的第二天的行程似乎少了一些活泼的气氛，不如晚上到一个热闹的地方好好放松一下。

罗马广场

罗马广场（Greek Agora and Roman Forum）建于罗马统治的鼎盛时期，这里曾经繁盛一时。经过岁月的洗礼，现在广场周边已

地址：Greek Agora and Roman Forum
交通：从帕纳基亚·哈尔凯翁教堂向北走约400米可到

经成为历史与现代共存的地带。这里有现代风格的塞萨洛尼基音乐厅，还有塞萨洛尼基博览会中心的OTE塔，从这里的旋转餐厅可以俯瞰全城的风光。

如果多待一天

　　如果你的时间比较充裕，想要在这个美丽而古老的城市多待一天的话，那么你可以做以下安排。

多待一天的游玩

　　两天的时间差不多能将塞萨洛尼基市内的景点玩个遍。远离市中心的周边地区也有着景色优美的自然风光，多待一天的时间，就与大自然来个亲密接触吧。

1 奥林匹斯山

　　奥林匹斯山（Mount Olympus）是希腊神话之源，也是奥运圣火的精神源头。其米蒂卡斯峰高2900多米，是希腊最高峰，也是古希腊神话中万神殿的所在地。这里山顶终年积雪，长期云雾笼罩。山坡被茂密的森林覆盖，里面动植物种类繁多。Litohoro村是观赏奥林匹斯山的最佳地点，另外，周围还有Dion、Veria、Vergina等小镇，那里有很多古代遗址可以参观。

> 地址：Mytikas,Liochoro,Pieria
> 交通：有大巴从塞萨洛尼基到Litohoro村，用时1个多小时

2 派拉

　　派拉（Pella）曾是古马其顿王国的首都，也是亚历山大大帝的出生地。这里除了有用马赛克描绘的壮丽的神话场景，附近还有片森林。那里榉木生长茂密，阳光只能依稀照到地面，所以被称为黑色森林。据说亚历山大大帝的军队就曾使用黑森林的木材制造了著名的6米长矛。

> 地址：Pella Greece（位于塞萨洛尼基以西北约50千米处）
> 交通：乘车约50分钟可到

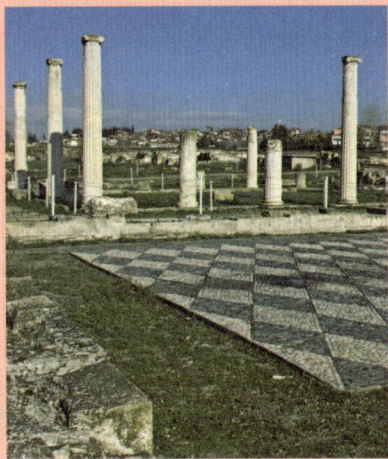

多待一天的美食

希腊人爱吃甜食，尤其塞萨洛尼基的甜食最为出名。当地有一种叫做"Trigona"的派，这种派外面有一层薄面，里面有很多奶油，味道香甜可口。而另一种甜点"Touloumba"没有馅，用面卷蘸上果汁糖浆即可食用。还有一种典型的希腊甜点"Balavas"，这是一种蘸果汁食用的果仁蜜饼。另外，"Anomala"巧克力块美味可口，它们是无固定形状的巧克力小块，里面夹的是杏仁。

如果想找餐厅，在海边既有一些售卖烤肉的餐馆，也有家庭经营的小餐馆和地下糕点店；在城市中心、阿索诺斯广场附近以及拉达迪卡，有很多售卖海鲜以及鲜肉的饮食店。来到塞萨洛尼基，你一定能找到符合自己口味的餐馆。

1 Kitchen Bar

Kitchen Bar位于塞萨洛尼基港口附近，在这里就餐可以欣赏美丽的海港景色，餐厅内也装潢得奢侈而华丽，深受当地时尚达人和年轻人的喜爱。

地址：Storage B2 A Jetty Rort,Thessaloniki
营业时间：9:00至次日2:00
电话：0231-0502241

2 Myrsini

Myrsini是当地很受欢迎的一家美食店，提供典型的克里特菜肴。餐厅有复古的木地板和传统的装饰品，再加上克里特岛小提琴演奏的背景音乐，整体氛围优雅而复古。

地址：Ypoloxagou Eustathiou Tsopela, Thessaloniki
电话：0231-0228300

3 Ouzou Melathron S.A.

Ouzou Melathron S.A.是当地一家生意非常红火的小吃店，餐厅装饰得朴素自然。这里虽然不是传统的希腊餐厅，但里面种类繁多美食可以给你带来多样化的体验。这里的甜酒羊肉受到很多顾客的喜爱。

地址：Karipi 21, Thessaloniki
网址：www.ouzoumelathron.gr
电话：0231-0220043

多待一天的购物

塞萨洛尼基作为希腊北部重要的城市，在许多有古老遗迹的的地方，越来越弥漫出时尚的气息，因此这里已经成为一座时尚与古典并存的城市。想要购物的话，有许多繁华的街区供你选择。

1 3条平行大街

塞萨洛尼基繁华的市中心有3条平行的大街，分别是中间的埃格纳提亚大街（Egnatia）、北部的圣吉米特里奥斯大街（Ag Dimitriou）和南部的米特罗波奥斯大街（Miteopoteos）。这3条街及其附近是塞萨洛尼基市中心比较重要的购物地带，这里有各种名牌店、酒店和娱乐场所等。

> 地址：Thessaloniki Downtown
> 交通：乘坐02、08、10、11等路公交车在ΑΓΙΑΣ ΣΟΦΙΑΣ站下即到埃格纳提亚大街

2 中心市场

塞萨洛尼基的中心市场在一幢大型建筑物中，里面有众多的长廊和摊位。这里的商品种类十分齐全，从鲜鱼、肉、酒、蔬菜到当地的小吃应有尽有。在这里买东西不可以讨价还价，但这里可以说是全市最物美价廉的市场。

> 交通：穿过科姆尼侬街然后右转即是

3 布料市场

布料市场位于一座古老的市场建筑Bezesteni中，这座建筑大约建造于15世纪末，很有特色。这里主要出售丝绸以及其他价值不菲的布料。

> 地址：Bezesteni（Covered Market）Papa-dopoulou
> 交通：乘坐23、24、58路公交车在ΑΓΟΡΑ站下可到

伊格那梯亚大道

伊格那梯亚大道是一条由罗马人建造的古老的道路。这里的商品可以说是应有尽有，你既可以买到做工精巧的编织篮，也可以买到时尚前卫的T恤。这里的商品除了食品明码标价外，其余的可以和老板讨价还价。

多待一天的娱乐

白天，塞萨洛尼基有各种蜚声海内外的名胜古迹；

到了晚上，这里既有环境优雅的咖啡馆，也有活力四射的酒吧，还有各种供消夜族们消遣的俱乐部，这座城市能够让你快乐一整天。需要注意的是，夏天塞萨洛尼基最好的酒吧和俱乐部几乎都不营业。

1 Loxias

这是塞萨洛尼基的第一家书店咖啡馆。在这里你可以静静坐在窗边，边慢慢饮着咖啡，边翻看古典书籍。这里也有希腊烈酒，以供顾客边喝酒边抒发个人见解。

地址：Fragkon 13, Thessaloniki
交通：乘坐3、15、23路公交车在ΔΗΜΟΚΡΙΤΟΣ站下车可到
营业时间：12:00至次日2:00

2 阿瑞斯足球俱乐部

阿瑞斯足球俱乐部（ARIS Football Club）是足球迷们聚集的场所。每当有重大比赛时，这里总是人满为患，球迷们聚集在这里，边畅饮美味的啤酒，边为自己喜爱的球队呐喊助威，场面热闹非常。

地址：Alkminis 69 Thessaloniki
网址：www.arisbc.gr
电话：0231-0325001

塞萨洛尼基住行攻略

塞萨洛尼基虽然不是像雅典、爱琴海诸岛那样热门的旅游城市，不过平时来这里旅游的人还是不少，所以这里的住宿、出行相对来说还算比较方便。

在塞萨洛尼基住宿

塞萨洛尼基的酒店服务业是比较完善的，各种档次的旅馆都有。一般来说，亚里士多德广场周边和尼基斯街上的高级酒店比较多，而在埃格纳提亚街上的韦尼泽罗街和民主广场之间会有比较经济的旅馆。不过要注意的是，塞萨洛尼基的旅馆淡旺季价格浮动较大，一般在大型会议和节日盛会期间旅馆会普遍提高价格。尤其是秋季的节日期间，塞萨洛尼基会举行博览会，再加上来此旅游的游客很多，住宿就更紧张了。如果想要避免无房可住的窘境，可以登录www.helexpo.gr查看塞萨洛尼基博览会的举办时间。

1 伊莱克特拉宫殿酒店

伊莱克特拉宫殿酒店（Electra Palace Hotel Thessaloniki）位于塞萨洛尼基的市中心，附近有白塔和拜占庭历史博物馆等景点。酒店的建筑风格展现出城市的拜占庭历史底蕴，这里的客房和套房都装饰得非常典雅。

地址：Platia Aristotelous 9, Thessaloniki 546
网址：www.electrahotels.gr
参考价格：双人间130欧元起
电话：0231-0294000

2 旅游者酒店

旅游者酒店（Tourist Hotel）位于市中心，距离Aristotelous广场和Ladadika娱乐区仅100米。酒店客房风格简约，提供付费电视、免费无线网络连接、空调、迷你冰箱、保险箱以及一个带吹风机的私人浴室。

地址：Mitropoleos 21, Thessaloniki
网址：www.touristhotel.gr
参考价格：单人间45欧元起，双人间65欧元起
电话：0231-0270501

塞萨洛尼基其他住宿地推荐				
名称	地址	电话	网址	费用
Plaza Art Hotel	Paggeou 5, Thessaloniki	0231-0520120	www.hotelplaza.gr	费用双人间61欧元起
City Hotel	Komninon 11, Thessaloniki	0231-0021000	www.cityhotel.gr	双人间100欧元起
Pella Hotel	Ionos Dragoumi 63, Thessaloniki	0231-0524221	www.pella-hotel.gr	单人间35欧元起，双人间50欧元起
Le Palace Art Hotel	Tsimiski 12, Thessaloniki	0231-0257400	www.lepalace.gr	双人间60欧元起
Hotel Olympia	Olimpou 65, Thessaloniki	0231-0235421	www.hotelolympia.gr	单人间55欧元起，双人间65欧元起

在塞萨洛尼基出行

目前，塞萨洛尼基还未开通地铁，当地人一般都喜欢骑自行车、开车自驾。你在当地旅行时，可以乘坐公交车或出租车。

公交车

塞萨洛尼基有两种公交车，橙色公交主要在市区穿行；而蓝橙相间的汽车则往来于市区和郊区之间。对于游客而言，常用的公交车有4条路线，分别为1路（往来于汽车站和火车站之间）、31路（穿过市中心）、36路（去往哈尔基季基半岛）以及78路（往返于机场）。另外，乘坐班次频繁的10路、14路公交车也前往市区部分景点。

你可以在街边售票处提前购买公交车票，票价为0.5欧元；也可以到车上的售票机买（售票机不找零），票价为0.6欧元；如果经常坐公交，还可以购买有效期为24小时的日票，票价为2欧元，有效期内乘坐不限次数。

出租车

塞萨洛尼基的出租车为蓝白相间的车身，起步价约为3欧元。在塞萨洛尼基乘坐出租车，有时一辆车会搭载同方向的好几个客人，最后各付各的车费。

113

时间改变

时间延长

如果你有更长的时间留在希腊，你可以游完塞萨洛尼基之后，再去附近的哈尔基季基半岛玩一天，去感受截然不同的海岛风情。

去**哈尔基季基半岛 玩1天**

哈尔基季基半岛

哈尔基季基半岛（Halkidiki）位于爱琴海北部，整个半岛很像一个带有三个手指的手掌。半岛的"手掌"部分大都是山区，还没有开辟旅游线路。目前比较受欢迎的旅游地区在半岛尾端三个"手指"，分别是卡桑德拉半岛（Kassandra）、锡索尼亚半岛（Sithonia）和阿索斯山（Ayion Oros）。

旅游资讯

地址：Halkidiki, Greece
交通：可从塞萨洛尼基乘坐36路公交车前往

哈尔基季基半岛示意图的地图标注：

阿拉皮斯角 Akr.Arapis
瓦夫佐斯 Vavdos
帕莱奥卡斯特罗 Paleokastro
塔西亚里斯 Taxiarhis
耶里索斯 Ierissos
新罗扎 N.Roda
特里皮蒂 Tripiti
锡曼德拉 Simandra
波利伊罗斯 poligiros
凯利 kelli
泽韦利基 Develiki
乌拉诺波利 Ouranopoli
A
奥林索斯遗址 Olinthos
耶拉基尼 Gerakini
阿尔库扎角 Akr.Arkouda
阿姆利亚尼岛 N.Amouliani
圣山湾
奥尔米里亚 Ormilia
圣山阿索斯山 （Mount Athos）
圣马马斯 Ag.Mamas
普萨库贾海滩 B.Psadoudla
瓦托派季 Vatopedi
迈塔莫尔福西 Metamorfosi
锡索尼亚半岛 （Sithonian Peninsula）
新穆扎尼亚 N.Moudania
波斯泽阿遗址 Potidea
埃利亚 Elia
武尔武鲁 Vourvourou
阿尔迈尼斯蒂斯角 Akr.Armenistis
新波斯泽阿 N.Potidea
卡桑德拉半岛 （Kassandra）
卡桑德拉湾
特里波塔莫斯 Tripotamos
B
普拉塔尼齐海滩 B.Platanitsi
萨尼 Sani
阿菲托斯 Afitos
新马尔马拉斯 N.Marmaras
萨尔蒂 Sarti
埃拉尼 Elani
卡利塞阿 kallithea
波尔托卡拉斯 Porto Carras
克里奥皮伊 Kriopigi
C
锡基亚 Sikia
斯卡拉富尔卡斯 Skala Fourkas
富尔卡 Fourka
宙斯神庙遗址 Ancient Neapoli
阿雷泰斯海滩 B.Aretes
帕帕季亚角 Akr.Papadia
托罗尼 Toroni
卡拉米齐 Kalamitsi
卡桑德拉角 Akr.Kasandras
卡兰兹拉 kalandra
新斯基奥尼 N.Skioni
库福斯 Koufos
卢特拉 Loutra
帕利乌里角 Akr.Paliouri （Kalogria）
莱莫斯角 Akr.Lemos
爱琴海

▲ 哈尔基季基半岛示意图

卡桑德拉半岛

卡桑德拉半岛（Kassandra）位于哈尔基季基半岛的西部，是三个半岛中最受欢迎也是人口最为稠密的岛屿。这里有松软的沙滩、起伏的山丘、湛蓝的海水、金色的田野以及青葱的植被，美丽的景色令人陶醉其中，流连忘返。

旅友点赞

卡桑德拉半岛是颇受游客欢迎的旅游胜地，这里不仅得到了来自世界各地的游客的喜爱，也倍受希腊当地人的青睐，因此气氛十分热闹，夜生活也非常丰富。东海岸的Kallithea是夜生活的中心，那里的酒吧和俱乐部鳞次栉比。

锡索尼亚半岛

与卡桑德拉半岛相比，锡索尼亚半岛（Sithonian Peninsula）可以算是一个世外桃源。这里有很多没有被过度开发的海滩，风景十分自然，气氛也更悠闲。西海岸的Kalamitsi海滩、东海岸的Karydi海滩是两个比较成熟的海滩度假地。

旅友点赞

如果你讨厌热闹和嘈杂，想要找个悠闲清净的度假地的话，那就来锡索尼亚半岛吧。这里有一些宾馆依山临海，山上有美丽的橄榄林，宾馆前是迷人的爱琴海，走过一座小桥，就到了托古曼德拉海滩。在海滩上可以望见远方的卡桑德拉半岛。

阿索斯山

阿索斯山（Mount Athos）在哈尔基季基半岛的东部，是东正教的圣山，故又称为"圣山半岛"，它属于希腊国内的一个特殊的神权自治共和国。虽然阿索斯山与陆地相连，但只能靠渡船来往。半岛上最有名的是20间东正教修道院，属于世界文化遗产，里面居住着东正教的修士和隐士。进入阿索斯山访客的人数有限制，只允许男士入内，且须先获得核准。

旅游资讯

地址：Mt Athos,Thessaloniki
交通：圣山半岛北海岸上的Lerissos每天都有开往圣山东海岸修道院的定时渡船，南海岸的Ouranoupoli有开往西海岸修道院的渡船
票价：学生10欧元，东正教徒25欧元，其他人等30欧元
开放时间：8:10～14:00

旅友点赞

这是一个颇有传奇色彩的半岛，1000 多年来仅有年满18岁的男性东正教信徒才能居住在阿索斯山。而且对于访客也有严格的限制，东正教的信徒可优先核准，且仅许可男性进入阿索斯山。也曾有女子想一睹奇景，幻想闯进圣山，但很少有成功的。你可以从www.mountathos.gr上了解更多关于圣山阿索斯山的信息。

时间缩短

如果你的旅行时间比较紧，在希腊只能安排5天或者更少的时间，你就需要对自己的线路重新规划。可以不去塞萨洛尼基，而从德尔斐直接去附近的迈泰奥拉，这里以建造在奇岩上的拜占庭修道院而闻名。

去**迈泰奥拉**玩1天

梅加罗·迈泰奥拉修道院

地址：Meteora, Thessaly

交通：可从迈泰奥拉搭乘早上9:00的公交车前往，公交车的停靠站点是在Plateia Dimarhiou广场的喷泉旁边；或直接搭乘出租车也可

票价：2欧元

开放时间：夏季周一、周三至周日9:00～17:00；冬季周一、周四至周日9:00～16:00

旅友点赞

在修道院中收藏有写本、圣像画和珍贵的宝物等。在主教座堂中的穹顶上，可以看到很多精细的壁画，画中描绘了基督、信徒卢卡斯以及大天使米哈埃尔等。从瞭望台望去，可以看到之前隐居者居住过的洞窟。

梅加罗·迈泰奥拉修道院（Great Megaro Meteoron）是修建于14世纪的东正教修道院，也是迈泰奥拉规模最大的修道院。这座修道院修建在宽大的岩石上，高达300多米，修道院内有教堂、博物馆、商店和瞭望台等设施。

瓦尔拉姆修道院

瓦尔拉姆修道院（Moni Varlaam）建于14世纪，修道院修建在隐遁者瓦尔拉姆所建的隐遁所的遗迹上。修道院整体呈现一个十字架的形状，中间是一个拱形的建筑，周围有3个突出的部分。修道院中最有看头的是这里的壁画。

旅游资讯

地址：距离梅加罗·迈泰奥拉修道院约700米处

票价：2欧元

开放时间：周五至次周周三9:00～16:00

旅友点赞

瓦尔拉姆修道院距离梅加罗·迈泰奥拉修道院比较近，步行5分钟就能到，不过要注意这一段是山路，最好穿一双舒适的鞋子。修道院中比较引人注目的是一些壁画和古老的家居用品，尤其是壁画，色彩和构图都跟其他的修道院不大一样，非常有特色。

圣斯蒂法努修道院

圣斯蒂法努修道院（Moni Agiou Stefanou）是一座修护得比较完好的修道院，内部干净整洁，舒适宽敞，针对参观者的设施也比较完善。修道院中供奉的是2世纪在小亚细亚殉教的圣哈拉兰博斯，他的遗体就安葬在这里。

旅游资讯

地址：Monastery of st. Stephen. Thessalia

票价：2欧元

开放时间：周二至周日9:00～14:00、15:30～18:00

★★★ 旅友点赞

圣斯蒂法努修道院的资料馆中收藏着16～17世纪的圣像、圣经抄本还有精美的刺绣制品，有很高的观赏价值。修道院周围景色十分优美，而且占据高处，从这里往下看，看到的卡兰巴卡村的景色非常迷人。

Tips

参观迈泰奥拉的修道院需要注意各修道院的开放时间，一般在13:00～15:00是修道院的休息时间，最好在出行前到当地的旅游咨询服务处确认。修道院内禁止拍照和摄影。另外，参观时不要着过于暴露的服装，如无袖衫、短裤、超短裙等，女士也不可穿裤装，不过可以在修道院内借到裙子。

梅加罗·迈泰奥拉修道院

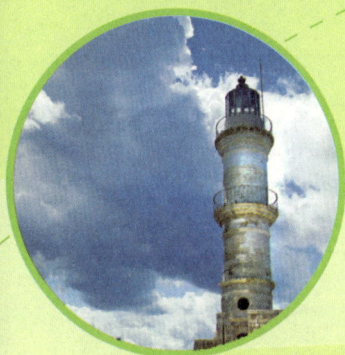

Part 2

希腊爱琴海及周边一周游

Part 2 希腊爱琴海及周边一周游

希腊爱琴海及周边游印象

★★★ 被神眷顾的海洋

爱琴海及其周边的每个小岛上几乎都有一个美丽的传说。或许这些小岛受到了神的眷顾，如此迷人。小岛上的人们生活得安静而富足，人们脸上的笑容好美。爱琴海就像一片被神眷顾的海洋，它的风景过于秀丽，让人流连忘返。

★★★ 海上的璀璨明珠

在这片海上，有着碧蓝如洗的天空、深邃幽蓝的大海、风情万种的沙滩、绿茵浓密的橄榄树和精巧雅致的房屋。这些小岛风格不一，大小不同，就像散落在海上的粒粒明珠，各自散发着令人愉悦的光芒。

★★★ 神秘的米诺斯文明

在传说中有一个神秘的米诺斯王朝，人们曾一度以为这只是一个传说。后来，传说中那座充满传奇色彩的"迷宫"——克诺索斯王宫被发掘，各种文物、建筑证实了这个王朝的存在。如今，在克里特岛上，还能看到米诺斯文明的痕迹。

★★★ 因为爱情更加美丽

在旅游旺季的时候，岛上随处可见甜蜜的情侣。也许因为爱琴海的"爱琴"和"爱情"听起来相似，所以沉浸在幸福中的恋人们也愿意相信，这里是能给爱情带来美好祝愿的地方。这些恋人似乎还没察觉到，他们的到来也给整个爱琴海增添了浓浓的甜蜜气氛。

推荐行程

A 罗德岛 —约480千米— **B** 克里特岛 —约200千米— **C** 基克拉泽斯群岛

Mikonos
Μύκονος

Agios Kirykos
Αγ.Κηρυκος

Pátmos
Πάτμος

Didim

米拉斯
Milas

穆拉
Mvgla

Poseidonia
Ποσειδωνία

纳克索斯岛
Νάξος

图尔古特
雷伊斯
Turgutreis

蒙朱拉尔
Mumcular

Akyaka

Antiparos
Αντίπαρος

基克拉
泽斯群岛
(Kiklades)

凯法洛斯 科斯
Κεφαλος Κως

达特恰
Datça

罗德岛
(Rhodes)

Apollonia
Απολλωνία

博兹布伦
Bozburun

Adamantas
Αδαμας

C

A

西尔纳岛

Lardos
Λάρδος

Gennadi
Γεννάδι

BC约200千米

皮加贾
Κάρπαθος

雷西姆农
Rethymno

季亚岛

Sitia
Σητεία

B

伊拉克利翁
Iraklio

Palekastro
Παλαίκαστρο

克里特岛
(Crete Island)

卡斯泰利
Καστέλλι

AB约480千米

交通方式对比

路线	交通方式	优点	缺点	运行时间
罗德岛—克里特岛	车船联运	从罗德乘船到皮加贾，再从皮加贾到克里特岛，票价便宜	速度慢，水上路段容易晕船；有的路段随时停车	约15.5小时
	飞机	快速	时间受限，过程比较麻烦，票价较高	约1个小时
克里特岛—基克拉泽斯群岛	车船联运	手续较少，票价便宜	速度慢，水上路段容易晕船；有的路段随时停车	约8个小时
	飞机	快速	时间受限，过程比较麻烦，票价较高	约30分钟

最佳季节

爱琴海及其周边属于典型的地中海气候，冬季温和多雨，夏季炎热干燥，全年平均气温为18℃~19℃。春天万物复苏，各个小岛上呈现出一派欣欣向荣的景象；夏季天气炎热，但在清凉的海水中嬉戏更显得无比惬意，所以春、夏是这一地区的最佳旅游季节。

罗德岛的纬度较雅典低一些，但是海上气温变化不是那么敏感，所以这里的气温变化可以大致参照雅典的气温变化。

最佳季节的衣物

游览爱琴海及周边的最佳季节是在4~10月，尤其是7、8月间，虽然天气最为炎热，但也是游人最多的时候。如果在7、8月前往爱琴海及其周边，需要携带一些舒适而透气的衣物，最好随身携带一个保温杯及时补充水分，防止中暑。晚上气温可能有所下降，需要备一个薄薄的罩衫。泳装是必备的衣物，女士可以准备一条长裙，既防晒又凉快。另外还要准备墨镜、防晒霜、防晒衣等物品，做好防晒措施，以抵御地中海灿烂的阳光。

希腊爱琴海及周边最佳季节衣物						
衣物种类	4月	5月	6月	7月	8月	9月
纯棉短袖	√	√	√	√	√	√
薄外套	√	√	√	√	√	√
长裙	√	√	√	√	√	√
稍厚套装	√	√	—	—	—	√
牛仔裤	√	√	√	√	√	√
泳装墨镜	√	√	√	√	√	√

爱琴海及周边路线： 罗德岛—克里特岛—基克拉泽斯群岛6天6夜游

6天6夜的爱琴海及周边路线			
城市	日期	时间	每日安排
罗德岛·	Day 1	上午	蝴蝶谷
		下午	罗德岛中世纪古城→罗德岛水族馆
克里特岛	Day 2	上午	克诺索斯王宫
		下午	考古学博物馆→克里特历史博物馆→库勒斯古堡→雄狮广场
	Day 3	上午	历史和民俗艺术博物馆→Rimondi喷泉
		下午	考古博物馆→威尼斯城堡
基克拉泽斯群岛	Day 4	上午	阿科罗提利
		下午	卡玛里海滩→伊亚
	Day 5	上午	百门圣母教堂→考古博物馆
		下午	莱福克斯→纳乌萨→普利基亚
	Day 6	上午	迷宫小巷
		下午	米克诺斯风车

到达罗德岛

罗德岛（Rhodes）位于爱琴海最东部，岛上名胜众多，景色秀丽，气候适宜，是爱琴海诸岛中非常著名的旅游胜地。岛上有土耳其风格的罗德岛古城、迷宫似的街道建筑、充满梦幻风格的蝴蝶谷、令人沉醉的沙滩等。这些迷人的景观赋予了罗德岛无尽的魅力，引得越来越多的游人纷至沓来。

通航城市

国内与罗德岛来往不是那么方便，可以先从北京、上海、广州等城市乘坐飞机到达雅典（参照Part1航班信息），到了雅典之后换乘飞往罗德岛的航班。

从雅典飞往罗德岛的航班

从雅典飞往罗德岛是比较方便的，爱琴海航空公司每天都有从雅典直飞罗德岛的航班。从雅典到罗德岛用时约1小时，费用约80欧元起。

雅典飞往罗德岛的航班				
航空公司	航空公司电话	城市	单程所需时间	出航信息
爱琴海航空 en.aegeanair.com	021-06261000	罗德岛	约1小时	当地时间9:00雅典国际机场有航班A3204直飞罗德岛迪阿格拉斯机场
		罗德岛	约1小时	当地时间12:55雅典国际机场有航班A3210直飞罗德岛迪阿格拉斯机场
		罗德岛	约1小时	当地时间18:00雅典国际机场有航班A3216直飞罗德岛迪阿格拉斯机场
		罗德岛	约1小时	当地时间21:00雅典国际机场有航班A3218直飞罗德岛迪阿格拉斯机场

如何到市区

罗德岛迪阿格拉斯机场（Diagoras Airport）位于罗德城西南约15千米处，如果没有酒店大巴接送，你可以乘坐公交车或出租车到达市区。

公交车

机场公交站在航站楼外的空地上，每半小时左右会有一班开往市区的公交车，周六、周日车次会减少。从机场到市区用时约20分钟，车费在2欧元左右。

出租车

机场的出租车站在机场的正面，那里有许多等待的出租车，在公交站附近也有一些出租车等候。乘出租车到市区的费用一般在15欧元左右，如果你不指定目的地，司机通常会把你送到新老城区交界处的出租车站。

罗德岛1日行程

罗德岛是非常有名的旅游胜地，这里有很多值得一游的景点。因为时间的原因，只在这里安排了一天的时间。如果你的时间比较自由，则可以多玩一天。

Day 1 蝴蝶谷→罗德岛中世纪古城→罗德岛水族馆

如果你是在旅游旺季来到罗德岛，一定要去一趟美丽的蝴蝶谷。如果是在淡季来到这里，则可以参考多待一天的其他景点进行安排。

罗德岛1日行程		
时间	目的地	行程安排
9:00 ~ 12:00	蝴蝶谷	上午可以前往蝴蝶谷，在旺季的上午有班车直达蝴蝶谷。这是一个风景优美的地方，不容错过
12:00 ~ 14:00	午餐	蝴蝶谷距离市区较远，且附近吃饭的地方也比较少，所以不妨到古城中的餐厅用餐
14:00 ~ 18:00	罗德岛中世纪古城	吃过午饭之后，你可以在罗德岛古城中逛一逛。考古博物馆和骑士首领宫等都值得参观
18:00 ~ 20:00	罗德岛水族馆	一天的时间匆匆而过，到了晚上，如果不是特别疲惫，你可以去罗德岛最北端的水族馆看一看

罗德岛水族馆
（Aquarium）

罗德岛中世纪古城
（Medieval City
of Rhodes）

地中海

罗德岛迪阿格拉斯机场
Diagoras Airport

Ialysos
Ιαλυσός

克雷马斯蒂
Κρεμαστή

Sgourou
Σγουρού

Paradeisi
Οαραδειοι

AB约30千米，
乘车约45分钟

Koskinou
Κοσκινου

蝴蝶谷
（The Valley
of the
Butterflies）

Damatria
Δαματριά

Tsairi
Τσαιρι

Vrisia
Βρυσιά

Ammoudes
Αμμούδες

马里查
Μαρίτσα

地中海

Kalithies
Καλυθιές

Falíraki
Φαληάκι

Butterflies Valley Park
Πεταλούδες

Psalidí
Ψαλδι

Afantou
Αφάνσου

▲ 罗德岛1日行程路线示意图

蝴蝶谷

　　如果你是夏季来到这里，可以去蝴蝶谷（The Valley of the Butterflies）看一看。这里树荫浓密、流水潺潺，是罗德岛乃至整个希腊的避暑胜地。每年的6月中旬至9月，松树树脂的独特香味引来了大量的飞蛾，这些小精灵挥舞着五彩斑斓的翅膀，将这里装扮得格外美丽。

旅游资讯

地址：Southern Aegean,Petal-oudes（距罗德岛机场约20千米）

交通：旺季每天上午有2班车到蝴蝶谷，从前往西部方向的巴士站乘坐巴士可到，用时约50分钟；或者乘坐出租车也可

票价：旺季5欧元左右，淡季免费

开放时间：夏季8:30～19:00,冬季9:00～15:00

旅友点赞

　　说是"蝴蝶谷"，其实这里聚集的是一些色彩斑斓的飞蛾，这里溪水清幽，树木遮天蔽日，还有林中特有的恬静，让人感觉仿佛来到了世外桃源。因为越来越多的游人到这里旅游，蝴蝶谷的彩色飞蛾已不再像以前那么多了。所以来这里的话，不要拍手或者制造其他噪音，以防惊吓到它们，更不要伤害这些可爱的小生命。

蝴蝶谷距离市区较远，附近吃饭的地方也比较少，所以午饭不妨回到热闹的城区再吃。在罗德岛古城中就有一些不错的餐厅。

1 Socratous Garden

Socratous Garden餐厅距离骑士首领宫很近，这里提供各种各样的食品，有咖啡、啤酒、葡萄酒、比萨、沙拉、甜点等，而且价格也比较实惠。

地址：Sokratous 124,Rodos
网址：www.socratous-garden.gr
电话：02241-076955

2 芒果餐厅

芒果餐厅（Mango Rooms）位于古城的中心，这里提供传统的希腊美食。餐厅的氛围非常友好，夏天你还可以在树荫下用餐。

地址：3 Dorieos square, Old Town,Rhodes
网址：www.mango.gr
电话：02241-024877

罗德岛中世纪古城

罗德岛中世纪古城（Medieval City of Rhodes）位于罗德岛东北角，是15、16世纪圣约翰十字军骑士以最先进的技术建造的要塞城市，风格与法国古城堡有些相近。古城有12个城门，是进出古城的必经之处。城中有骑士军团街、考古博物馆和骑士首领宫等景点。

水族馆
（Aquarium）

水族馆广场
Enidriou Sq.

哈里托斯广场
G.Haritou Sq.

赌场
Kazino

昆图里奥蒂斯广场
Kountóurioti Sq.

圣玛利亚教堂
Santa Maria

穆拉特船长清真寺
Murat Reis Mosque

卡利加广场
Kalliga Sq.

天使长教堂
Taxiarchis

圣尼古拉奥斯堡
Agh.Nikolaos
Fortress

圣母进殿节教堂
Isodia

3月7日广场
7th Martiou Sq.

报喜教堂
Evangelismos

圣尼古拉奥斯教堂
Agh.Nikolaos

骑士首领宫
（Palace of the
Grand Masters）

骑士军团街
（Avenue of
the Knights）

圣凯瑟琳教堂
Agh.Ekaterini

法兰西塔
Tower of
France

圣保罗门
Agh.Pavlou
Gate

公园
Kasioton
Agoniston
Park

宙斯和雅典娜神庙
Temple of Zeus
and Athena Polias

希腊式建筑
Hellenistic House

圣安东尼门
Agh.Antoniou Gate

考古博物馆
（Archaeological
Museum of Rhodes）

卡佐尼斯广场
L.Katsoni Sq.

苏莱曼清真寺
Sulemaniye Mosque

富丽堂皇建筑
Palatial Building

西班牙塔
Tower of
Spain

雅典娜广场
Athinas Sq.

犹太死难者广场
Evreon Martiron Sq.

罗德岛古城
（Medieval
City of Rhodes）

爱琴大学
Aegean
University

奈利季莫格卢剧场
Nelly Blmoglou Theatre

迈尔库里广场
Melinas Merkouri
Square

古剧场
Theatre

圣乔治教堂
Agh.Georgios

圣凯瑟琳教堂
Agh.Ekaterini

圣弗朗西斯教堂
Agh.Fragiskos

体育场

▲ 罗德市内景点分布示意图

骑士军团街

　　骑士军团街（Avenue of the Knights）是罗德中世纪古城中一处迷人的景点，街道两旁高贵而庄严的建筑、巨大的入口和拱形的窗户，似乎在告诉人们这是骑士们曾经生活过的地方。如今，在每一栋建筑的门上还都镶有大理石雕刻的团徽。

地址：从Arnaldo Gate进入古城后右手边椭圆形的大街即是
票价：免费

旅友点赞

　　据说当年的骑士们根据发源地的不同被划分成7种"口音"，分别守卫城堡的一部分。他们的长官就居住在骑士军团街尽头的骑士首领宫中。20世纪初，整条街都经过重建，现在这里大部分的设施都用作罗德市政府办公处。

考古博物馆

考古博物馆（Archaeological Museum of Rhodes）原本是 15 世纪骑士军团所建造的医院。馆中陈列着从迈锡尼时代到近代的珍贵文物，藏品包括陶器、雕像和墓碑等，其中最著名的是在阿芙洛狄忒神庙出土的公元前 1 世纪的罗得阿芙洛狄忒（Aphrodite of Rhodes）大理石雕像。

地址：Archaeological Museum of Rhodes Rodos
交通：从Arnaldo Gate进入骑士军团街后左侧即是
票价：约为3欧元
开放时间：夏季8:00～18:00，冬季8:00～15:00，周一闭馆
电话：02241-027657

★★★ 旅友点赞

考古博物馆中有许多珍贵的文物，一层的每个房间都有展品展出，楼上还有个土耳其风格的房间，值得一看。馆中最著名的阿芙洛狄忒雕像已经有了2000多年的历史，刻画了美丽女神蹲跪在海边晒太阳的俏皮姿态。

Tips

如果你想要多逛逛，可以购买古城的通票，票价约10欧元。持通票你可以去考古博物馆、骑士首领宫、女修道院（Monastery of Our Lady）和装饰艺术博物馆。

骑士首领宫

骑士首领宫（Palace of the Grand Masters）建于 14 世纪，是圣约翰骑士团团长的官邸。后来宫殿遭到摧毁，意大利人以宏大的规模对该宫殿进行了重建，变成如今这个样子。与欧洲其他富丽堂皇的宫殿不同的是，这是一座朴素而坚固的建筑，看起来更像是一座城堡要塞。

地址：Ippoton, Rodos
交通：进入古城后沿着骑士军团街走到末端，右侧即是
网址：www.rhodes.gr
票价：6欧元
开放时间：周一12:30～19:00，周二至周日8:30～19:30
电话：02241-365270

骑士首领宫是一座气势恢宏的宫殿，墨索里尼曾把这里作为别墅。宫殿中央是一个宽敞的广场，这里会定期举办城墙游览，届时人们会在宽大的城墙上漫步，几乎可以绕城市半周，从城墙上可以看到古城和新城的景色，甚至能看到美丽的海景。

晚上在哪儿 玩

一天的时间匆匆而过，似乎还没有玩得尽兴，就到了傍晚。好在罗德岛上许多景点在夏天会开到晚上。晚上如果还不是太疲惫，可以去罗德岛最北端的水族馆看看。

罗德岛水族馆

罗德岛水族馆（Aquarium）修建于20世纪30年代，在这里，你能观赏到珊瑚、海龟、螃蟹等各种海洋生物。行走其中，就像在小型的钟乳洞中漫步。

地址：Aquarium Rhodes 851
交通：从罗德古城向北步行约1.5千米可到
开放时间：9:00～20:30

如果多待一天

迷人的景观和独特的历史韵味赋予了罗德岛无尽的魅力，如果你也已经迷上了这个美丽的小岛，时间又比较充足，可以考虑在这里多安排一天。

多待一天的游玩

多待一天的时间，你可以去罗德岛上的林都斯转转，或者逛逛太阳神巨像的遗址，也可以去罗德岛附近的科斯岛游玩一番。

1 林都斯

林都斯（Lindos）曾是多德卡尼斯群岛中最著名的古代城市，经过时代的变迁，现在它是一座美丽宁静的小村庄。这里有着迷宫似的小巷、雄伟壮观的卫城以及风光秀美的海滩。

地址：Lindos Rhodes Greece
交通：从罗德新城区的东部方向的公交站乘坐公交可到，车费约4欧元，用时约1小时45分钟
票价：林都斯卫城约6欧元

2 科斯岛

科斯岛（Kos Island）位于爱琴海东南，由于历史的缘故，岛上的建筑具有多元的风格。岛上有考古博物馆、古代集市、城堡、神庙等众多遗迹，另外，岛上还有长达100多千米的白色海滩，每年都吸引很多游客前来游玩。

地址：位于罗德岛西北
交通：每年夏天除了周一，每天都有快艇从罗德岛出发到这里来，用时约2.5小时

3 太阳神巨像

太阳神巨像（The Colossus of Rhodes）建在罗得市港口的入口处，这尊希腊太阳神赫利俄斯的青铜铸像非常巨大，被誉为"世界七大奇迹之一"。不过这尊建于公元前的巨像只存在了56年便因地震倒下，人们在这里安上了几只青铜神鹿，至今考古学家仍未确定巨像的确切位置及详细外观。尽管巨像已经不在，但它却激发了后来艺术家的灵感，著名的自由女神像的建筑师奥古斯都·巴托尔迪就从这里得到了灵感。

地址：Colossus of Rhodes, Platia Neoriou
交通：从罗德古城向北步行约1千米可到

多待一天 的美食

坐拥海洋这样得天独厚的条件，罗德岛的美食自然以海鲜为主。因此在岛上你能品尝到最为新鲜美味的海鲜大餐，在一些高档的餐厅，你还能边用餐边欣赏海洋美景。

01 Dinoris Fish Restaurant

Dinoris Fish Restaurant这是一家优雅而安静的高档海鲜餐厅，有近半个世纪的历史。餐厅位于罗德古城中，周围有充满历史感的古老建筑，再加上餐厅内部复古而华丽的装修很容易让人产生一种时空交错的感觉。

地址：14,Museum Sar,old Town,Rhodes
交通：从Arnaldo Gate进入罗德古城左侧即是
网址：www.dinoris.com
营业时间：12:00～24:00
电话：02241-025824

02 Kringlan Cafe & Restaurant

Kringlan Cafe & Restaurant 既是一家咖啡厅，也是一个餐馆。菜单中有各式各样的面包、奶酪，口味鲜美的汤和新鲜美味的沙拉，当然少不了的是种类繁多的海鲜，包括鲑鱼、大虾等。

地址：Ion Draqoumi 14 Rhodes
交通：从罗德古城向西北步行约1.1千米可到
网址：www. kringlan-rhodes.com
营业时间：7:00～24:00
电话：02241-039090

03 Tamam Restaurant

Tamam Restaurant位于罗德岛西岸，这是一家由家族经营的餐厅，有融合了各种风格的美食。值得一提的是，在这家餐厅就餐，可能需要等候一会儿，因为餐厅内的食材都是现食现取。餐厅空间不大，但是气氛非常好。

地址：Leo 1 Rhodes
交通：每年夏天除了周一，每天都有快艇从罗德岛出发到这里来，用时约2.5小时
网址：www.tamamrhodos.gr
营业时间：13:00～23:00
电话：02241-073522

多待一天 的购物

罗德岛上没有大型的购物商场或者超市，但是有很多出售当地特产和纪念品的小摊。罗德岛盛产无花果、石榴和柑橘等水果，你可以买来尝个鲜；罗德岛的葡萄酒也很有名，尤其以红葡萄酒最佳；在罗德港口南侧、Marine Gate附近，有很多出售当地特产——天然海绵的小摊，你可以买一些回去当做纪念。另外，在罗德岛你还能买到极具复古风的手工艺品。

恩博纳斯

恩博纳斯（Embonas）位于罗德岛中部，是罗德岛的葡萄酒中心。在这里的埃默里酒厂里，可以品尝和购买到岛上最好的葡萄酒。

地址：Kolokotroni 8,Rhodes
营业时间：9:30～15:30
电话：02241–029111

多待一天的娱乐

来到罗德岛的游人多是为了旅游观光，但岛上没有太多娱乐设施。不过，如果想让你的夜生活不至于太过单调，在城中也能找到几家酒吧。

Reflections Bar

Reflections Bar是罗德城中最活跃的酒吧之一，咖啡色的外观给人一种很休闲的感觉。酒吧中有琳琅满目的美酒，还有一个超大屏的电视播放重要体育赛事。

地址：G.Papanikolaou 12, Rhodes town
网址：www.reflectionspub.com
营业时间：16:00至次日3:00
电话：02241–029932

Spirtokouto Cafe Bar

Spirtokouto Cafe Bar 位于繁华的罗德古城区。这里环境比较优雅，除了美酒外，还有咖啡供应，是个理想的聊天会友的场所。

地址：Place Arionos,Rhodes
网址：www.spirtokouto.gr

罗德岛住行攻略

　　罗德岛是旅游热门地区，岛上有各种类型的住宿设施以满足来自世界各地的游客，无论是高档酒店还是经济旅馆，在这里都可以找到。出行的话对于距离较近的景点可以选择步行；距离较远的景点可以乘坐公交车，但是远途的公交要注意末班车的时间。如果你想要自由支配时间，你也可以选择乘坐出租车；如果你想要去罗德岛附近的岛屿上游玩，渡船无疑是最好的交通工具。

在罗德岛住宿

　　为了出行方便，可以选择在罗德岛新、老两个城区住宿。如果想要寻找周边环境优美、设施齐全的酒店，可以在新城区寻找，距离海边越近的酒店可能越贵；如果对环境没有太大要求，可以在老城区寻找住宿地，这里有许多经济实惠的家庭旅馆、青年旅舍，这些旅馆离海比较远，但是气氛比较温馨。

　　每年的淡旺季，酒店的价格会有所变动，而且营业酒店的数量也会发生变化。旺季时岛上的酒店通常会被提前预订，一些小型的旅馆常常也住满了人。所以，旺季来这里最好能提前预订酒店。每到冬天，这里住宿的价格有所下降，不过那时岛上的许多酒店也不营业了，所以遇到合适的酒店还是要尽快决定是否预订。

1 库科斯传统宾馆

　　库科斯传统宾馆（Koukos Traditional Guesthouse）位于一幢传统建筑中，酒店拥有遮荫露台和覆盖各处的免费无线网络。酒店客房以木地板和石砌装饰为特色，每个客房中都带有壁炉、木制家具、空调和迷你吧。酒店还提供独具传统地方风味的早餐。

地址：Nikiforos Mandilara 22,Rhodes
网址：www.koukoscafe.gr
参考价格：单人间50欧元起，双人间80欧元起
电话：02241－073022

2 雅典娜酒店

　　雅典娜酒店（Athena Hotel）附近有着便利的交通，距离海滩、罗德古城、水族馆等景点都比较近。酒店餐厅供应自助早餐。酒店设有一个户外泳池，还有24小时服务前台。酒店客房提供私人浴室、空调、卫星电视以及无线网络。

地址：27th Leontos Street,Rhodes
网址：www.athenahotel.gr
参考价格：单人间90欧元起，双人间95欧元起
电话：02241－022631

罗德岛其他住宿地推荐				
名称	地址	电话	网址	费用
Moschos Hotel	Ethelonton Dodekanision 5	02241-024764	www.moschoshotel.gr	双人间55欧元起，三人间65欧元起
Rodian Gallery	Kastellorizou 4	02241-030642	www.rodian-gallery.gr	双人间80欧元起
Achillion Hotel	Panteleimonos 10	02241-022391	www.hotelachillion.com	双人间55欧元起
Niohori Rodos Elite Suites	47-49, Dilberaki Street	02242-032414	www.rodosniohori.gr	单人间150欧元起，双人间190欧元起
City Center Hotel Rhodes	Iroon Politechniou 2	02241-026888	www.citycenterhotel.eu	单人间65欧元起，双人间80欧元起

在罗德岛出行

作为一个海岛，渡船是罗德岛不可缺少的交通方式。另外，在罗德岛内出行你还可以乘坐公交车或者出租车。

渡船

如果你想从罗德岛到附近的科斯岛或者锡米岛，可以选择渡船前往。下表列出旅游旺季从罗德岛到附近岛屿的渡船具体信息。

罗德岛到附近岛屿的渡船			
目的地	渡船班次	用时	船票价格
科斯岛	每天2班	约3.5小时	14～19欧元
锡米岛	每天2班	1～2小时	7～14欧元
哈尔基岛	每天1班	1～2小时	约8欧元
卡尔帕索斯岛	每周5班	3～5小时	18～22欧元

公交

公交车是罗德岛上最主要的交通方式之一，罗德市内有东、西两个公交站。东部公交站每天都有很多班车开往法里拉基（车票约1.8欧元）和林都斯（车票约4.7欧元）；西部公交站邻近新市场，每天有多班公交车发往岛上的各个地方，从这里到机场可以乘坐开往Paradisi的公交（车票约2欧元），去蝴蝶谷则可以乘坐前往佩塔路德斯方向的公交（车票约4欧元）。

出租车

如果你的行李较多，或者远行时不想受末班车时间限制，可以乘坐出租车。罗得岛市内的出租车站在Plateia Rimini的东边。一般来说出租车是按里程计价，不过有些司机会根据固定距离收取固定费用，如从市区到机场约17欧元，到林都斯约38欧元。

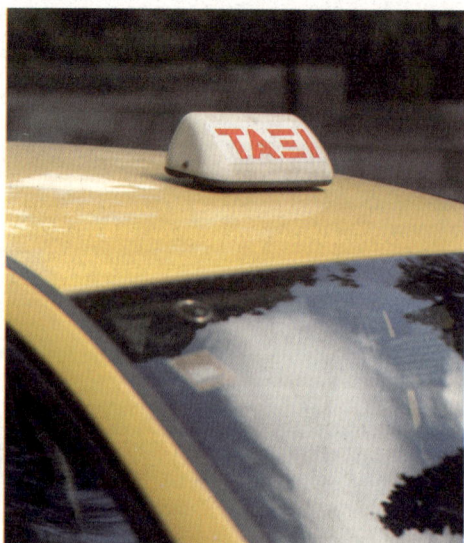

从罗德岛至克里特岛

罗德岛距离克里特岛较远，如果你的时间比较紧，可以乘坐飞机前往；如果时间充足，想要慢慢欣赏沿途风景，可以选择乘坐渡船。

飞机

从罗德岛前往克里特岛，可从迪阿格拉斯机场乘坐希腊航空先去雅典，再转机到克里特岛，用时约4小时，经济航的价格约为110欧元。

渡船

在旅游旺季，爱琴海各个岛屿几乎都开通了渡船航线，一些渡船公司会有从罗德岛到克里特岛的渡船，如LANE lines公司（www.lane.gr）等，从罗德岛到克里特岛历时约12小时，船票价格为30～40欧元。

需要注意的是，渡船的运行时刻表经常会发生变化，而且旅游淡季时很多渡船都会停运，所以最好提前去官网查询渡船的具体运行时间。以下是一些渡船公司的查询网站。

渡船公司查询网站	
网站	网址
希腊各邮轮公司综合查询网	www.ferries.gr
希腊西威士邮轮公司	www.hellenicseaways.gr
克里特文明游船公司	www.minoan.gr

到达克里特岛

克里特岛（Crete Island）位于爱琴海最南端，是希腊的第一大岛。克里特岛四周碧波万顷、岛上山峦起伏、树木常青、鲜花盛开，素有"海上花园"之美称。荷马曾为它写下了这样的诗句："有这样一座岛克里特，它飘浮在藏兰钯的汪洋大海之间，美丽而富有，浪花是它的镶边；那里有数不尽的人和百座城市。"克里特岛上的主要旅游城市有伊拉克利翁、干尼亚、雷西姆诺。克里特岛还是古老的欧洲文明——米诺斯文明的中心，岛上几乎每个城市都留下了米诺斯文明的痕迹，尤其以伊拉克利翁的克诺索斯王宫最为出名。

如何到市区

当你乘坐飞机或者渡船到达克里特岛的伊拉克利翁，首先要解决的问题就是怎样从机场或者港口到伊拉克利翁市区。

从机场到市区

克里特岛上有两座国际机场，分别位于伊拉克利翁（Heraklion）和干尼亚（Khania），另外还有一个较小的机场锡蒂亚（Sitia）。这3个机场都有直飞雅典和塞萨洛尼基的航线。

伊拉克利翁国际机场

伊拉克利翁国际机场（Heraklion Airport，HER）距离伊拉克利翁市区约5千米，是希腊国内、国际航班起降的主要机场。希腊境内多个城市与伊拉克利翁都有直达航班，如雅典、塞萨洛尼基、圣托里尼和罗得岛等。更多伊拉克利翁国际机场信息可以登陆www.heraklion-airport.info查询。

从伊拉克利翁国际机场到市区

伊拉克利翁的1路公交车往返于机场和市区，每15分钟一班，每天从6:00运行到次日1:00；公交车的始发站在机场的停车场旁边，终点站位于Eleftherias广场附近。

从机场到伊拉克利翁市区也可以乘坐出租车。出了机场大厅之后你能看到许多灰色的出租车在等待顾客；或者你也可以拨打电话到Icarus Radio Taxi公司叫车，电话为021-05152800。乘出租车到达伊拉克利翁市区需

要花费7~10欧元。

如果你想要租车畅游克里特岛，几大租车公司在伊拉克利翁国际机场都设有提车处，你可以拨打电话详细咨询。

伊拉克利翁国际机场租车公司	
租车公司	电话
Eurodollar	0281-0281338
Avis	0281-0229402
Autohellas	0281-0341734
Travel Star	0281-0240047

从港口到市区

克里特岛上有许多港口，其中比较重要的有伊拉克利翁港（Port of Heraklion）、干尼亚港（Port of Chania）和Kissamos港。伊拉克利翁是克里特岛的第一站，这里只说明从伊拉克利翁港到达市区的方式。

伊拉克利翁港口距离市区只有1.5千米，因此你可以步行前往市区，从港口出来向右走即是老城区；也可以在港口附近的公交站乘坐公交车前往，KTEL Irakliou Lasithiou公交站距离港口只有500米左右。

克里特岛2日行程

　　克里特岛上比较有名的旅游城市有伊拉克利翁、雷西姆农和干尼亚。雷西姆农距离伊拉克利翁较近，因此在克里特岛的2天，主要去伊拉克利翁和雷西姆农两个城市。如果对干尼亚比较感兴趣，可以将克里特岛的第一站安排在干尼亚。

Day 2　克诺索斯王宫→考古学博物馆→克里特历史博物馆→库勒斯古堡→雄狮广场

　　伊拉克利翁（Iraklio）是克里特岛的首府，号称"全希腊最富有的城市"。城中一派繁荣景象，到处充满活力。在这里，你可以参观城中藏品丰富的考古博物馆、历史悠久的库勒斯古堡和景色迷人的威尼斯广场，还可以去附近参观久负盛名的克诺索斯王宫。

克里特岛第1天行程		
时间	目的地	行程安排
8:00~12:00	克诺索斯王宫	该行程的第1站是克诺索斯王宫，早起后，你可以在市中心雄狮广场前的公交车站坐车前往目的地
12:00~14:00	午餐	在迷宫般的克诺索斯王宫逛了一上午，这时候的你应该有些饿了吧？那就回到城中，考古学博物馆附近有许多餐厅供你选择
14:00~16:00	考古学博物馆	吃过午饭，稍作休息之后，你可以直接前往不远处的考古学博物馆
16:00~17:00	克里特历史博物馆	接下来可以去参观克里特历史博物馆，这里收藏着许多珍贵的文物，值得一览
17:00~18:00	库勒斯古堡	天色慢慢暗下来，这时你可以去旧港口防波堤上的库勒斯古堡
18:00~20:00	雄狮广场	一天的行程安排十分紧凑，傍晚你可以到雄狮广场逛一逛，在那里的咖啡店喝杯咖啡

克里特岛第1天行程路线示意图

地图标注：
- DE约0.8千米，步行约12分钟
- 库勒斯古堡（Koules Fortress）
- 伊拉克利翁港 Port of Heraklion
- 克里特历史博物馆（Historical Museum of Crete）
- 雄狮广场（Lion Square）
- 考古学博物馆（Archaeological Museum）
- BC约0.8千米，步行约12分钟
- AB约5.4千米，乘车约25分钟
- 伊拉克利翁国际机场 Κρατικός Αερολιμένας Ηρακλείου
- 伊拉克利翁地区总医院 Venizelio
- 克诺索斯王宫（Palace of Knossos）

克诺索斯王宫

克诺索斯王宫（Palace of Knossos）曾是米诺斯王朝的政治、经济、宗教和文化中心。这里房屋众多，走廊曲折，布置不求对称，出奇制巧，外人难以知其究竟，因此被誉为"迷宫"。现在这座建于3000多年前的宫殿遗迹保存得相当完好，王宫内的女王浴室、公牛壁画、皇家道路、仓库等众多景点都值得你为之驻足。

旅游资讯

地址：Palace of Knosos Iraklio

交通：从雄狮广场（Lion Square）前的巴士站乘坐2号蓝色巴士可到，用时约25分钟，6:00～23:00间每10分钟左右一班，单程票价约1欧元

票价：约6欧元，与考古学博物馆通票约10欧元

开放时间：6月至10月8:00～19:00；11月至次年5月8:00～15:00

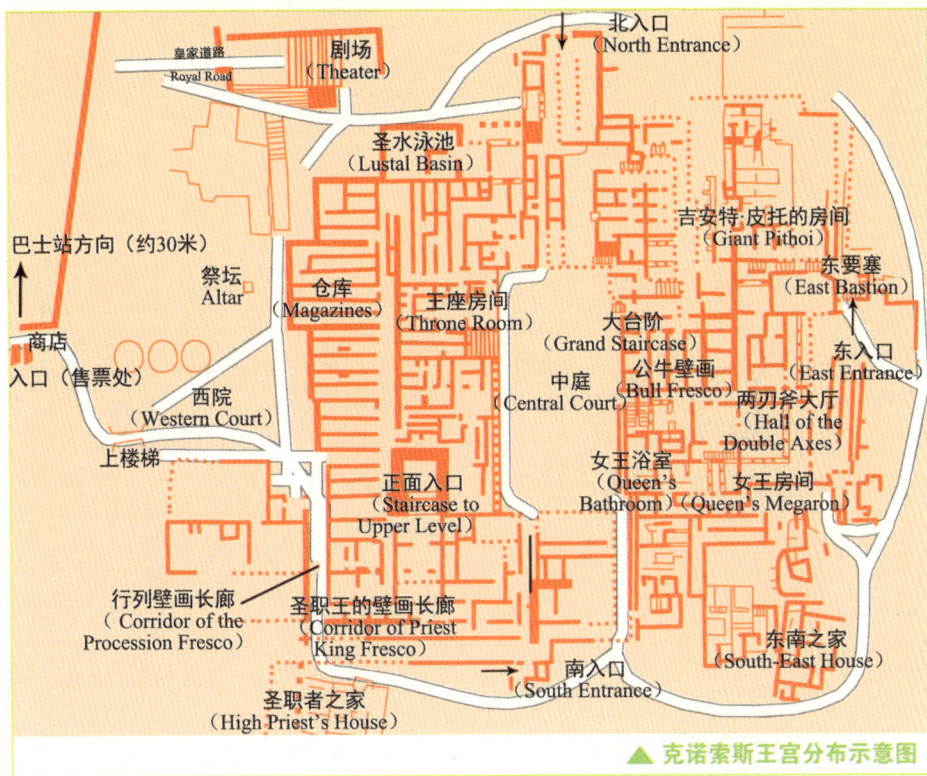

克诺索斯王宫分布示意图

- 皇家道路 Royal Road
- 剧场（Theater）
- 北入口（North Entrance）
- 圣水泳池（Lustal Basin）
- 吉安特·皮托的房间（Giant Pithoi）
- 东要塞（East Bastion）
- 巴士站方向（约30米）
- 祭坛 Altar
- 仓库（Magazines）
- 王座房间（Throne Room）
- 大台阶（Grand Staircase）
- 东入口（East Entrance）
- 商店 入口（售票处）
- 西院（Western Court）
- 中庭（Central Court）
- 公牛壁画（Bull Fresco）
- 两刃斧大厅（Hall of the Double Axes）
- 上楼梯
- 女王浴室（Queen's Bathroom）
- 女王房间（Queen's Megaron）
- 正面入口（Staircase to Upper Level）
- 行列壁画长廊（Corridor of the Procession Fresco）
- 圣职王的壁画长廊（Corridor of Priest King Fresco）
- 南入口（South Entrance）
- 东南之家（South-East House）
- 圣职者之家（High Priest's House）

▲ 克诺索斯王宫分布示意图

女王浴室

女王浴室（Queen's Bathroom）是整个克诺索斯王宫参观的重点之一。这里有完备的供水、汇雨和排水系统，至今看来依然比较科学。浴室中有精美的壁画，色彩鲜艳自然，将海豚和鱼儿嬉水的场景描绘得栩栩如生。

公牛壁画

著名的公牛壁画（Bull Fresco）是王宫中庭（Central Court）的一幅浮雕，这幅壁画里的公牛似乎充满力量，横冲直撞，淋漓尽致地表现了传说中"迷宫"的主人——牛头人身怪的暴虐残忍。

皇家道路

皇家道路（Royal Road）位于北侧入口的大坡道，一直通到王宫的西边。皇家道路北侧壁画间里有一幅《牛背上的杂技》颇有看头，画中一头牛正向前猛冲，一个少年在前全力按住牛角，牛身后的少年则脚跟离地，双手扬起，把一名身着红装、体态轻盈的少女抛向空中，少女在空中做完空翻后，稳稳倒立在牛背上。

现在修复好的真迹收藏在伊拉克利翁的考古学博物馆中。

仓库

仓库（Magazines）在玄关入口的左手边。在这里发现了大量绘制精美的陶器、做工精巧的金属器具以及黄金装饰品，表现了克里特人非凡的艺术才华。现在这些物品多收藏在博物馆中，只剩下一些坑洞状的建筑遗迹。

旅友点赞

来到克诺索斯王宫，你一定想不到这座看起来还算完整的建筑遗迹已经经历了3000多年的历史。这里有红色的柱子，色彩艳丽的壁画，就像是童话中的宫殿。而宫殿中大量的关于牛的文物，让希腊神话中那个关于怪物米诺托的故事更加传神。

中午在哪儿
吃

在迷宫般的克诺索斯王宫逛了一上午，这时候的你应该有些饿了吧？那就回到城中，考古学博物馆附近有许多餐厅供你选择。

1 Creperie Haris

Creperie Haris餐厅距离考古学博物馆非常近，在这里你能吃到新鲜美味的可丽饼，还有荤素搭配合理的快餐，如果你赶时间的话可以选择来这里就餐。

地址：Messolonghi 8-10,old Town,Rethymnon
交通：从考古学博物馆向南走约100米可到
网址：www.haris-creperie.gr
电话：0281-31022900

2 Notio Selas

Notio Selas位于伊拉克利翁繁华的老城中，这里有美味的食物，愉快的气氛，动听的音乐，可以带给你优雅的就餐享受。

地址：Meramvellou 13,Iraklio
交通：从考古学博物馆向西走约200米可到
网址：www.notioselas.gr
营业时间：16:00至次日4:00
电话：0281-0240027

考古学博物馆

考古学博物馆（Archaeological Museum）位于伊拉克利翁老城的市中心。这里收集了克里特岛上从石器时代到罗马时代的出土文物，被誉为"欧洲最重要的博物馆之一"。馆中最引人注目的是米诺斯文明的遗产，克诺索斯王宫被修复的壁画也收藏在这里，包括《牛背上的杂技表演》《巴黎女人》《青鸟》等。

旅游资讯

地址：Xanthoudidou Street 1

交通：从雄狮广场（Lion Square）向东走约400米可到

网址：www.heraklion-crete.org

票价：约6欧元，与克诺索斯王宫通票约10欧元

开放时间：夏季周一13:00～19:30，周二至周日8:00～19:30，冬季周一13:00～15:00，周二至周日8:00～15:00

电话：0281-0279000

旅友点赞

在考古学博物馆中，你可以看到克里特岛各个时期的日常器具、饰品、工艺品等，其中许多展品的精细程度让现代人都叹为观止。馆中20多个展室中陈列着数不清的珍贵文物，其中不可不看的有卡马河器皿、刻有象形文字与表意文字的菲斯托斯粘土圆盘、令人印象深刻的米诺女神像、由滑石制成的公牛头以及由象牙制成的"跳牛"等。

克里特历史博物馆

与考古学博物馆相比，克里特历史博物馆（Historical Museum of Crete）中收藏的是距今更近一些的历史发现。其中，博物馆的1层收藏的是克里特岛从拜占庭时期到土耳其统治时期的文物；2层为13、14世纪的一些硬币、珠宝以及壁画残片等，其中最值得一看的是克里特岛上仅有的两幅埃尔格雷科的画作——《西奈山圣凯瑟琳修道院之景》和《基督受洗图》。

旅游资讯

地址：House A. & M. Kalokerinos, 27, Sofokli Venizelou Ave

交通：从雄狮广场（Lion Square）向西北方向步行约450米可到

网址：www.historicalmuseum.gr

票价：约5欧元

开放时间：夏季周一至周五9:00～17:00，冬季周一至周六9:00～15:00

电话：0281-0283219

旅友点赞

除了一些珍贵的文物、珠宝，克里特历史博物馆中还有一些关于克里特战役的史料和展有克里特民俗服饰、工艺品的展览室。在这里，你能了解到克里特人民为希腊的主权和领土完整所做出的努力。

库勒斯古堡

库勒斯古堡（Koules Fortress）建于16世纪，是一座威尼斯式的建筑。库勒斯古堡坐落在旧港口的防波堤上，最初用于抵挡敌人进犯的要塞，后被作为监狱使用。现在古堡地面1层的房间已经被改建成美术馆。

旅友点赞

库勒斯古堡非常显眼，在古堡的外壁上，刻有圣马可飞狮的浮雕。登上古堡的顶部，放眼望去，能看到热闹的城市景观和壮丽的海上风景。

旅游资讯

地址：Heraklion fortress

交通：从雄狮广场（Lion Square）向东北方向步行约800米可到

票价：2欧元

开放时间：周二至周日9:00～14:00

晚上在哪儿 玩

逛了一天的景点，到这个时候一定感到有点疲惫了吧，傍晚时分，不妨先来这家餐厅好好品尝一下美味的甜点，顺便犒劳一下自己疲惫的身体。

雄狮广场

为人所熟知的雄狮广场（Lion Square）也叫威尼斯广场（Plateia Venizelou），地处热闹的老城中心。广场上有地标性建筑若西尼喷泉，喷泉对面 地址：Pl.El.Venizelou,Iraklio 有Agios Markos教堂、威尼斯凉廊（Venetian Loggia）、宗教艺术博物馆和克里特岛战役博物馆等建筑，广场周围布满了餐厅、咖啡馆以及各色店铺。

Day 3

历史和民俗艺术博物馆→Rimondi喷泉→考古博物馆→威尼斯城堡

伊拉克利翁到雷西姆农（Rethymno）有频繁的班车往来。你可以游览完伊拉克利翁后当天下午乘车直接到达雷西姆农，也可以在伊拉克利翁住一晚上之后，第二天一早乘车到达雷西姆农。从伊拉克利翁到这里只需要1.5小时。

克里特岛第2天行程		
时间	目的地	行程安排
10:00~11:00	历史和民俗艺术博物馆	如果你打算早上乘车从来到雷西姆农，可能占用你一些游览的时间。这样早上你可以只在城中转转，顺便看看城中的景点。在历史和民俗艺术博物馆你可以了解古雷西姆农乡村的生活场景
11:00~11:30	Rimondi喷泉	从历史和民俗艺术博物馆向北走，不远处就能看到令当地人引以为傲的Rimond喷泉，清冽的泉水从造型别致的柱头喷出，给人一种休闲而宁静的感觉
11:30~13:00	吃午餐	漫步在悠闲而美丽的雷西姆农城中，不知不觉就到了中午。繁华的街道上有许多餐厅，你可以一边散步一边寻找吃饭的地方
13:00~14:30	考古博物馆	午饭过后，你可以继续前行，到雷西姆农最出名的城堡去看看，不过它的入口处有一座小型的博物馆，你可以先花点时间逛逛这座博物馆
14:30~18:30	威尼斯城堡	威尼斯城堡的历史悠久，尽管这里没有保留太多很完整的遗迹，却能够让你感受到历史的厚重和沧桑。越过高高的城墙，你还能看到美丽的街景
18:30~20:00	贝尼泽罗街	傍晚的时候，你不妨在临海的贝尼泽罗街找个视野开阔的咖啡厅，看雷西姆农留下的最美丽剪影

▲ 克里特岛第2天行程路线示意图

147

历史和民俗艺术博物馆

历史和民俗艺术博物馆（Historical & Folk Art Museum）在一座历史悠久的威尼斯式建筑中，这里馆中展有带着浓郁乡村田园气息的农具、菜篮、编织品等藏品，可以帮助你了解古雷西姆农乡村的生活场景。

旅游资讯

地址：Emmanouil Vernardou 28
交通：从伊拉克利翁方向的公交站向东北方向步行约600米可到
票价：3欧元
开放时间：周一至周六9:30～14:30
电话：0283-1023398

旅友点赞

历史和民俗艺术博物馆十分人性化，像旧衣服、农具、菜篮、编织品等藏品都贴有说明性的标签，可以帮助游客了解这些藏品曾经的用途。

Rimondi喷泉

Rimondi喷泉（Rimondi Fountain）是威尼斯统治时期的建筑，清澈的水流从狮子头中喷出，柯林斯式的柱头十分别致，这是当地人引以为傲的历史建筑。

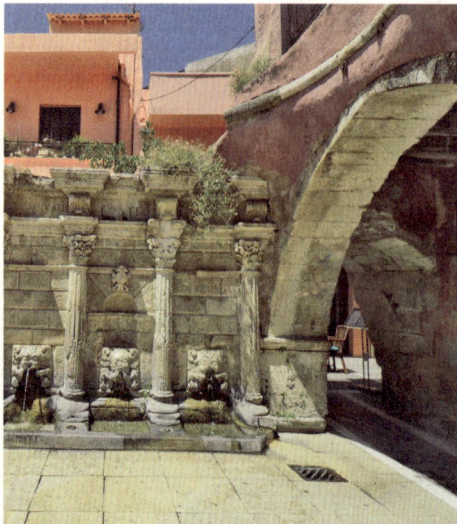

旅游资讯

地址：Mavrokordatou Alexanrou
交通：从历史和民俗艺术博物馆向北步行约100米可到
票价：免费

旅友点赞

在雷西姆农，单单在城中漫步就是一种关于美的享受，热闹而不喧闹的街道，红砖的建筑，到处都能看到历史的烙印。尤其走到Rimondi喷泉旁，在纯粹悠闲之中又添了一种安详宁静的味道。在这里，你会深切感受到希腊人"慢一点，再慢一点"的生活态度。

中午在哪儿吃

漫步在悠闲而美丽的雷西姆农城中，不知不觉就到了中午。繁华的街道上有许多餐厅，随便走走就能遇到几家非常不错的餐厅。

1　Pigadi Restaurant

Pigadi Restaurant 距离Rimondi喷泉非常近，位于一座古老的威尼斯建筑中。餐厅有五颜六色的花园，美妙悦耳的音乐，你可以在田园诗般的氛围享用传统的地中海美食。

地址：Xanthoudidou 31,Rethymno
交通：从Rimondi喷泉向西北步行约100米可到
网址：www.pigadi-crete.com
电话：0283-1027522

2　Cafe & Restaurant Melina

在Cafe & Restaurant Melina，你能找到各种各样的美食，比如清爽可口的沙拉、令人垂涎欲滴的海鲜、新鲜的蔬菜和美味无比的主食等。天气晴好的时候，你还可以在视野开阔的露台上边欣赏美景边享受美食。

地址：Himaras and Katehaki corner,Chimaras, Rethymno
交通：从Rimondi喷泉向西北步行约300米可到
网址：www.melina-rethymno.gr
营业时间：9:00～23:00
电话：0283-1021580

考古博物馆

考古博物馆（Archaeolocal Museum of Rethymno）位于威尼斯城堡入口处。这里展出了雷姆西农及其周边出土的许多文物，包括了新石器时代用骨头和石头制造的工具、米诺斯时代的陶器、迈锡尼雕像和大量的钱币等。

旅游资讯

地址：Archaeological Museum of Rethymno Chimarras
交通：从Rimondi喷泉向西北步行约300米可到
营业时间：周二至周五8:00～14:30；周六至周一休息
电话：0283-1029975

旅友点赞

这座考古博物馆就在威尼斯城堡正面入口附近，它是由土耳其统治时期使用过的监狱改建而成的。博物馆不大，逛起来毫不费力，还能观赏许多有趣的文物，值得一游。

威尼斯城堡

威尼斯城堡（The Venetian Fortezza）位于城市北端的山丘上，是16世纪威尼斯人统治期间为抵御外敌进攻而建立的城堡。巨大的城墙内曾经有着庞大的建筑群，保存至今的只有许多像土台一样的建筑物和后期改建的一座有着圆形屋顶的清真寺。

旅游资讯

地址：Paleokastro Hill,Rethymno

交通：从Rimondi喷泉向西北步行约300米可到

票价：约3欧元

开放时间：6月至10月8:00～20:00

旅友点赞

威尼斯城堡的历史非常悠久，尽管这里没有保留太多很完整的遗迹，但是你仍然能从这片历史遗迹中看到这里曾经的辉煌，能够深切感受到历史的厚重和沧桑。越过高高的城墙，你还能看到外面美丽的街景。

晚上在哪儿 玩

经过一整天的时间，想必你已经爱上这座有着沧桑历史的小城了。傍晚的时候，你不妨找个视野开阔的咖啡厅，或者到见尼泽罗街逛逛，感受这座小城的美好。

贝尼泽罗街

贝尼泽罗街（Venizelou）位于海边，这里是雷西姆农城中较为繁华的街道之一。街道上林立着很多餐厅、咖啡馆，你可以在这里找个靠窗的座位坐下，在夜色中静静感受这座小城别样的美丽。

地址：Venizelou Rethymno

如果多待一天

　　在克里特岛这样一个风景优美的岛屿只玩2天，你会觉得有点不尽兴，如果你有更多可以自由支配的时间，可以在这里多玩一天。

多待一天的游玩

　　因为干尼亚距离伊拉克利翁比较远，景点比较分散，再加上时间有限，所以在行程安排中不得不放弃这个美丽的城市。既然多了一天的时间，自然不可再错过游览干尼亚的机会。

1 干尼亚

　　干尼亚（Chania）旧称哈尼亚，是克里特岛的第二大城市。这里有颇具风情的街道、历史遗留的建筑，悠然而闲适的生活节奏，整个城市保留着浓厚的威尼斯时代的色彩。漫步在城市的大街小巷，就像走到了中世纪的电影中。

干尼亚考古学博物馆

　　干尼亚考古学博物馆（Archaeological Museum of Chania）位于一座16世纪的教堂内，馆中展出了克里特岛西部出土的文物。从新石器时代到罗马时代的珍贵文物，包括雕像、珠宝、花瓶、彩色石棺等。

> 地址：30 Halidon,Chania
> 交通：从雷西姆农方向的公交站向北步行约300米可到
> 票价：2欧元
> 开放时间：周二至周日8:00～15:00（夏季时间略有延长）
> 电话：0282-1090334

2 萨马利亚峡谷

　　萨马利亚峡谷（Samaria Gorge）全长16千米，是欧洲最长、最深的峡谷，也是来克里特岛西部旅行不可错过的景点。峡谷内有种类繁多的野生动植物，山羊（Kri-kri）是这里的代表动物。每年的4、5月间，这里万物复苏，枝叶舒展、鲜花盛开，是萨马利亚峡谷最美丽的季节。

> 地址：位于干尼亚以南约40千米处
> 交通：搭乘从干尼亚开往欧马罗（Omalo）的巴士可到
> 票价：5欧元
> 开放时间：5～10月中旬6:00～15:00
> 网址：www.samariagorgo

Tips

到萨马利亚峡谷旅行，一定记得穿一双舒服的运动鞋。因为峡谷里道路崎岖，河床多石，很不好走。如果实在走不动的话，可以请牵着毛驴的公园巡视员把你带回起点处。这里扶梯非常陡峭，沿路要注意落石，小心被砸伤。

多待一天的美食

克里特岛四面环海，自然少不了新鲜味美的海鲜美食，包括石蚝、澳洲淡水鱼、老虎虾、龙虾等。随着当地旅游业的发展，来这里的人越来越多，克里特岛也开始提供不同风味的异国美食以满足不同游客的口味。

伊拉克利翁

1 O Vrakas

O Vrakas位于伊拉克利翁热闹的老城区，是一个露天的街边烤鱼摊。虽然看起来并不显眼，菜单上的菜品也很有限，但仍受到当地人喜爱，尤其是这里的烤章鱼很受欢迎。

地址：Marineli 1
电话：0281-0243243

2 香草花园餐厅

香草花园餐厅（Herbs' Garden Restaurant）邻近海边，有着优越的地理位置。餐厅里供应新鲜的鱼类、应季的蔬菜沙拉以及佐以希腊茴香酒和葡萄酒的熟食。下午，这里还供应咖啡、茶以及果汁、冰激凌等。

地址：Epimenidou 15, Iraklio
网址：www.lato.gr
营业时间：13:00至次日00:30
电话：0281-0334971

3 Paralia Tavern – Restaurant

Paralia Tavern – Restaurant餐厅位于伊拉克利翁的威尼斯海港，享有极好的视野。餐厅内以蓝白相间的颜色装饰，与窗外的大海融为一体。在这里你能品尝到美味的海鲜和肉类制品。

地址：Leoforos Sofokli Venizelou 5,Iraklio
网址：www.paraliacrete.gr
电话：0281-0282475

雷西姆农

1 Taverna Kyria Maria

Taverna Kyria Maria在雷西姆农Rimondi喷泉的后面，是一家提供当地传统菜肴的餐厅。餐厅外面有露天的座位，你可以一边享用美食一边欣赏街景。

地址：Moshovitou 20,Rethymno
电话：0283-1029078

Prima Plora

Prima Plora 位于风景无限的海边，在这里，你可以坐在海边的白色餐桌旁，吹着凉爽的海风，喝着美酒，品尝精致而美味的海鲜。

地址：Akrotiriou 8,Rethymno
网址：www.primaplora.gr
营业时间：10:00至次日1:00
电话：0283－1056990

干尼亚

Theodosi Restaurant

Theodosi Restaurant是一家旅馆兼营的餐厅，这里不仅提供地中海特色海鲜美食，还有一些国际上的菜肴。

地址：Raparigopoulou,Chania
网址：www.theodosirestaurant.com
营业时间：8:30～10:30；18:00至次日1:00
电话：0282－1093733

多待一天的购物

在克里特岛购物还是比较方便的，克里特岛每个主要的旅游城市都有自己的购物街。伊拉克利翁的Dedalou步行街两旁的店铺鳞次栉比，那里有复合式餐厅、书店、服装店、金银饰品店、旅馆、换钱所、艺廊、纪念品店、唱片行等；雷西姆农老城中与韦尼泽洛斯街平行的Arksdiou大街是购物者的好去处，那里有不少的时髦商店；在干尼亚你可以好好淘淘手工艺品，城中的商店大都集中在Zambeliou街和Theotokopoulou街上。

马加里蒂小镇

雷西姆农附近的马加里蒂小镇（Margarites）制陶业久负盛名，这个镇上有20多家陶艺工作室。其中著名的是Manolis Syragopoulos的陶艺坊。店主坚持手工制陶，柴窑烧制，制作的陶器非常精美，慕名而来的游客很多。

地址：雷西姆农（Rethymno）以西约27千米处
交通：从伊拉克利翁或干尼亚等地搭乘巴士可到

Skrydlof街

这是干尼亚当地非常有名的"皮革街"，在这里有数十家皮革店，售卖皮鞋、皮带、皮包等皮革制品。这里的皮革制品物美价廉，你可以细细挑选几件。

地址：Skridlof Chania

伊拉克利翁市场

伊拉克利翁市场位于一条充满生活气息的街道上。当地人经常在这里购买新鲜的水果、蔬菜和肉类。颇具希腊风情的橄榄油、蜂蜜以及各种仿古的纪念品，则深受游客青睐。

地址：在伊拉克里翁雄狮广场附近

Tips

在干尼亚购物时需要注意，当地人有午睡的习惯，店铺的营业时间比较特殊。通常，在干尼亚，每周一、周三、周六，店铺都是从早上营业到下午2:00；而周二、周四、周五，一般早上开门，下午1:30就关门了，然后快到傍晚的时候再开。游客多时，商店也会延长营业时间。旅游旺季，部分商店会营业到21:00。然而，到了旅游淡季，这里的商店基本上全天都关门。

多待一天的娱乐

同其他旅游城市一样，克里特岛上的娱乐地点也是以酒吧、咖啡馆和俱乐部为主。同时，在这里你也能找到一些很棒的水疗会所。

The Hideaway Cafe-Bar

The Hideaway Cafe-Bar是干尼亚最受欢迎的酒吧之一，这家酒吧位于美丽的海边，有着轻松的氛围、美妙的音乐和各式各样的饮品。酒吧中有几只可爱的猫，如果你喜欢小动物的话，一定要来这里。

地址：Vafe, Chania
交通：www.thehideaway-crete.com

Frame

Frame是雷西姆农的一家小酒吧，这家轻松悠闲的酒吧装饰得非常漂亮，黑白照片、白粉墙，有点伦敦小酒吧的感觉。

地址：Plakias, Rethymno

Doctor Fish – Foot SPA

Doctor Fish Foot SPA 是干尼亚很热门的娱乐休闲场所，这里的鱼温泉非常受欢迎。女士在这里可以选择一个豪华套餐，其中包括30分钟的治疗、10分钟的足部按摩和美甲服务，在这里可以得到最放松的享受。

地址：Karaoli ke Dimitriou 26, Chania Town
交通：www.doctor-fish.gr

克里特岛住行攻略

在克里特岛旅行，无论是住宿还是出行都是比较方便的。克里特岛的热门旅游城市中的住宿地很多，从高端的豪华酒店到实惠的民宿都有，可以满足不同人群的需要。如果出行的话在各城市市内可以步行，如果如果去距离较远的景点或在各城市之间往返，可以选择公交车或出租车。

在克里特岛住宿

克里特岛作为世界著名的旅游地之一，酒店服务业自然十分发达。这里既有与迪拜的七星级帆船酒店齐名的——Elounda Beach酒店，也有许多经济型酒店，还有价格实惠的民宿，可以满足不同人群的需要。

对于背包客来说，干尼亚的民宿是理想的住宿地之一。这里的许多民宅都加入了EOT（国立希腊旅游组织），可以提供简单、干净、价钱实惠的民宿。因此，在老城区中如果看到贴有EOT标志的出租房间（room to rent），可以大方地前去询问价格，看过房间之后再决定要不要住。在当地旅游中心或旅行社都可以拿到"干尼亚的便宜住宿"（plan inexpensive accmmodation）的小册子，根据这个小册子你也可以找到称心的民宿。

伊拉克利翁

1 拉托精品酒店

拉托精品酒店（Lato Boutique Hotel）位于伊拉克利翁老城港口对面，距离主要步行街、考古学博物馆非常近。酒店客房配有空调、阳台、办公桌、保险箱、迷你吧和收费电视，部分客房设有热水浴池或带家具的阳台。每天早晨供应美式和克里特岛风味的自助早餐。

地址：Epimenidou 15, Iraklio
网址：www.lato.gr
参考价格：单人间75欧元起，双人间85欧元起
电话：0281-0228103

2 卡斯特罗酒店

卡斯特罗酒店（Kastro Hotel）距离伊拉克利翁市中心不到100米。酒店客房装潢精美，配有液晶电视和迷你冰箱等现代化设施，部分客房设有一个露台或阳台。早餐区每天供应丰盛的自助早餐。酒店24小时营业的酒吧可供应饮品和便餐。

地址：Theotokopoulou 22, Iraklio
网址：www.kastro-hotel.gr
参考价格：单人间55欧元起，双人间65欧元起
电话：0281-0284185

雷西姆农

1 Iperion Beach Hotel

Iperion Beach Hotel酒店位于雷西姆农威尼斯港口附近，酒店设有带私人游泳池的花园以及带露台和海滩酒吧的餐厅。酒店的普通公寓和一室公寓均家具齐全，设有私人阳台和浴室。一室公寓和比较豪华的公寓还配有小厨房和冰箱。此外，酒店还每天提供自助早餐和简便午餐。

地址：110, Martiron Str, Rethymno
网址：www. iperionhotel.gr
参考价格：单人间60欧元起，双人间70欧元起
电话：0283-1053765

2 Kleoniki Mare

Kleoniki酒店距离雷西姆农市中心约700米。酒店的休闲设施包括网吧、淡水游泳池等。所有客房和公寓都装有空调，配备了免费无线网络连接和平面卫星电视，并提供一间带淋浴和吹风机的私人浴室。

地址：30, Machis Potamon str., Rethymno
网址：www. kleonikihotel.gr
参考价格：单人间50欧元起，双人间60欧元起
电话：0283-1024292

干尼亚

1 道奇传统酒店

道奇传统酒店（Doge Traditional Hotel）位于干尼亚市中心一座15世纪威尼斯风格的建筑中。酒店提供免费无线网络连接，并有丰盛的早餐。空调客房内设有液晶卫星电视和小厨房，厨房内配备有冰箱和咖啡泡制设施，部分客房拥有用餐区。

地址：Kondilaki 14, Chania
网址：www.dogehotel.com
参考价格：双人间70欧元起
电话：0282-1095466

2 多玛酒店

多玛酒店（Doma Hotel）坐落在干尼亚市的滨海地带，是一家家庭式经营的酒店。客房装饰温馨而平和，内部配有空调和电视机，部分房间设有客厅角和带家具的大型阳台。酒店餐厅拥有可俯瞰海湾景色的大型落地窗，提供丰富的自助早餐。

地址：El.Venizelou 124,Chania
网址：www.hotel-doma.gr
参考价格：双人间95欧元起
电话：0282-1051772

克里特岛其他住宿地推荐				
地区	名称	地址	电话	费用
伊拉克利翁	Lato Boutique Hotel	Epimenidou Str.15	0281-0228103	双人间100欧元起
	Irini Hotel	Idomeneos 4	0281-0229703	双人间70欧元起
	Mirabello Hotel	Theotokopoulou 20	0281-0285052	双人间35欧元起
雷西姆农	Hotel Fortezza	Melissinou 16	0283-1055551	双人间60欧元起
	Sea-Front	Arkadiou 159	0283-1024533	双人间35欧元起
干尼亚	Samaria Hotel	St.,Kidonias 69	0282-1038600	双人间75欧元起
	Lonas Boutique Hotel	Sarpaki&Sorvolou	0282-1055090	双人间50欧元起

在克里特岛出行

克里特岛上的各个旅游城市都不是太大，如果只游览市内景点的话可以步行前往。如果去距离较远的景点或在各城市之间往返，可以选择公交车或者出租车。

公交车

KTEL公交线固定地穿梭于克里特岛北部海岸，在岛上各主要城市之间有许多班车，即使从大城市到小城市之间每天至少也会有1趟车往返。以下是克里特岛主要旅游城市的公交车信息。

克里特岛主要旅游城市公交车信息	
城市	公交车信息
伊拉克利翁	伊拉克利翁有Bus Station A和Station B两个公交车站,可以穿行克里特岛东西两端。公交有两条经典线路：伊拉克利翁至锡蒂亚，途经圣尼古拉奥斯；伊拉克利翁至干尼亚，途经雷西姆诺。5:30～21:00间几乎每小时一班
雷西姆农	旅游旺季，雷西姆农的公交站每天都有前往干尼亚的公交（约7欧元，1小时左右可到），6:00～22:00间几乎每小时一班；从雷西姆农到达伊拉克利翁的公交车（约8欧元，1.5小时左右可到）5:30～21:00间几乎每小时一班
干尼亚	夏天，干尼亚每天都有开往伊拉克利翁（约14欧元，3小时左右可到）、雷西姆农（约7欧元，1小时左右可到）的公交车，5:30～21:00间几乎每小时一班

出租车

乘坐出租车是游览克里特岛的一种舒适又方便的方式，你可以在街上出租车停靠点招呼出租车，也可以打电话预订。一般来说，通过电话预订或从机场、港口招呼出租车时，都会有附加费用。乘坐出租车时，先在出租车停靠点上看清出租车价目表，跟司机谈好价钱。从伊拉克利翁到雷西姆农约70欧元，到干尼亚约120欧元。一般出租车司机在已载有乘客的情况下，也会继续运载方向一致的其他游客，然后游客各自付费。

从克里特岛至基克拉泽斯群岛

　　基克拉泽斯群岛有许多岛屿，其中离克里特岛最近的著名岛屿——圣托里尼岛距离克里特岛只有200千米左右。乘坐飞机用时比较少，但是班次较少，而且费用较高；乘坐渡船班次很多，费用较低，但是用时比较长。具体的交通方式选择你可以根据自己的时间确定。

飞机

　　每年的旅游旺季，爱琴海航空公司有航班从克里特岛的伊拉克利翁国际机场到圣托里尼岛机场。

渡船

　　旺季的时候，有许多渡船公司都有从克里特岛到基克拉泽斯群岛的渡船。以下是从伊拉克利翁发往基克拉泽斯群岛诸岛的渡船信息。

伊拉克利翁发往基克拉泽斯群岛的渡船信息			
起点	目的地	途中用时	渡船费用
伊拉克利翁	米克诺斯	约9小时	约24欧元
	纳克索斯	约7.5小时	约20欧元
	圣托里尼	约4.5小时	约16欧元

到达基克拉泽斯群岛

基克拉泽斯群岛（Kiklades）可以说是最受游客欢迎的一座群岛。这里有"有着世界上最美日落"的桑托里尼岛；"最接近天堂"的米克诺斯岛；出土了"米洛斯的维纳斯"的米洛斯岛；被列入世界遗产名单的提洛岛……基克拉泽斯群岛就像散落在爱琴海上的粒粒明珠，散发着令人难以忽视的光芒。

如何到市区

基克拉泽斯群岛中距离克里特岛最近的著名旅游胜地是圣托里尼岛，因此就把圣托里尼岛作为进入基克拉泽斯群岛的第一站。

这里只说明从圣托里尼的机场、港口到达岛上菲拉市内的交通方式。

从机场到市区

圣托里尼岛机场（Santorini National Airport，JTR）位于卡马力海滩以北约3千米处，机场的公共交通工具有公交车和出租车。

出租车

如果下一班公交需要等很长时间，或者你带了较多的行李，可以乘坐出租车前往菲拉。出租车乘坐点在出了机场大楼的正面，从机场到菲拉费用在10欧元左右。

公交车

公交站在机场大楼的左侧，从7:25~18:15间约每2小时有一班车，从机场咨询处可以了解到公交车时刻表。从机场到菲拉用时约10分钟，费用在1欧元左右。需要注意的是，机场公交站是位于菲拉和莫诺里索斯中间的一站，所以如果你打算去菲拉的话，一定不要坐错了方向。

从港口到市区

从克里特岛前来的渡船停靠在圣托里尼的阿西尼奥斯港（Athinios Port），阿西尼奥斯港位于菲拉以南约4千米处，从港口乘坐公交车约20分钟可到菲拉，费用在1.6欧元左右。一般来说，公交车都是配合轮船的到达时间运行的，所以下船后最好尽快去乘坐公交车。

基克拉泽斯群岛3日行程

基克拉泽斯群岛是爱琴海上最热门的旅游地，这里有很多值得游玩的岛屿。3天的时间主要安排在有着最美日落的圣托里尼岛、有"爱琴海的女儿"之称的帕罗斯和"爱琴海上的宝石"——米克诺斯岛。如果有多出的时间，可以去周围的纳克索斯岛和提洛岛。

Day 4 阿科罗提利→卡玛里海滩→伊亚

圣托里尼岛（Santorini Island）是欧美人的叫法，希腊人则称这里为"锡拉"。这里有世界上最美的日落、最壮阔的海景，还有特别的黑砾滩和黑沙滩。这一天的时间，就尽情交给这柏拉图笔下的自由之地，在这爱琴海最神秘最特别的岛屿享受阳光。

基克拉泽斯群岛第1天行程		
时间	目的地	行程安排
8:30 ~ 11:30	阿科罗提利	旅游旺季，从菲拉市里到阿科罗提利有许多往来的公交。因为路上也要花费一些时间，你不妨早一些前往这座古老而神秘的小镇
11:30 ~ 14:00	午餐	逛完古老的阿科罗提利，差不多该找个地方吃午饭了。建议你先去下一个目的地——卡玛里海滩，那里有许多酒店、餐馆
14:00 ~ 17:00	卡玛里海滩	接下来可以去卡玛里海滩游玩，这里有着新鲜的空气，是放松休闲的好地方，不容错过。你可以在这里晒太阳，还可以坐在沙滩上看书
17:00 ~ 19:00	伊亚	人们一般在下午6、7点的时候欣赏落日，那时伊亚经常人满为患。为了避免太过拥挤，还是要早点过去，这样也能找个好一些的角度
19:00 ~ 21:00	Koo club	欣赏过世界上最美的日落，待天色慢慢暗下来，就该回到菲拉城中了。这时如果你还不累，可以去城中的俱乐部感受一下颇具希腊风情的希腊音乐

▲ 基克拉泽斯群岛第1天行程路线示意图

阿科罗提利

阿科罗提利（Akrotiri）位于圣托里尼岛的西南部，是希腊重要的考古点之一。大约在公元前1500年的一次火山大喷发将这座阿科罗提利小镇彻底埋葬。由于深埋在厚厚的火山灰中，这里的遗迹保存得相当完好，现在许多珍贵的文物大多被收藏在雅典的考古学博物馆中。这里还有许多2层或3层的建筑，显示了当时高度发达的文明。

旅游资讯

地址：菲拉西南约10千米处

交通：乘坐菲拉前往阿科罗提利方向的公交到终点站下即到

旅友点赞

在这座被火山埋葬的城市中发掘出了许多保存完好的文物，却没发现任何死于这次灾难的人类残骸，比如大批逃难者的尸骨等。所以有人猜测当时岛上居民感觉到了火山要爆发，就早早收拾值钱的东西弃城而逃。

161

中午在哪儿吃

逛完古老的阿科罗提利，差不多该找个地方吃午饭了。下一个目的地卡玛里海滩上有许多酒店、餐馆，中午你可以到那里饱餐一顿。

1 Almira Restaurant

Almira Restaurant位于卡玛里海滩上，周围景色非常优美。餐厅内提供免费Wi-Fi，服务人员热情周到，最吸引人的是那丰富多样的菜品，其中以海鲜居多。

地址：Kamari Beach, Kamari
网址：www.almirarestaurant.com

2 "KIWI" Chinese & Thai Restaurant

"KIWI" Chinese & Thai Restaurant位于卡玛里海滩，是一家地道的中餐馆。餐厅内部装饰具有浓厚的中国风情，竹椅、木桌等等，非常古朴。同时，店内还提供中国各地的美食，无论是辣爽十足的川味美食，还是甜淡爽口的粤式风味，在这里都可以品尝到。另外，店内菜品所用食材都是最新鲜自然的，并尽量制作出最具营养的美食，让食客既满足了味觉，又吃到了健康，来这里游玩一定不要错过。

地址：Kamari Thiras，PO Box 5464
网址：www.kiwi-restaurant.gr
营业时间：12:30至次日0:00
电话：02286-034145

卡玛里海滩

圣托里尼岛独特的火山地质造就了卡玛里独特的黑色海滩，卡玛里海滩（Kamari Beach）就是其中之一。卡玛里海滩位于圣托里尼岛东南部，这里的海水清凉无比，是游泳的最佳去处。更别具一格的是，卡玛里海滩上不是沙子，而是一块块黑色的鹅卵石。蓝色的海洋、白色的浪花、金色的阳光和黑色的海滩组成一幅令人难忘的风景画。

旅游资讯

地址：菲拉东南约8千米处

交通：旺季有从菲拉前往卡玛里海滩的公交车，约1.2欧元

⭐⭐⭐ 旅友点赞

　　卡玛里海滩是圣托里尼岛上最为热门的海滩之一。旺季的时候，这里到处都是游人。白天人们慵懒地躺在一排排草棚编织的遮阳伞下读书、睡觉、交谈，孩子们开心地踏着浪花。到了晚上，这里更加热闹，酒吧、餐厅里挤满了客人，人们在这里开心玩乐，似乎忘却了一切烦恼。

伊亚

　　伊亚（Oia）是圣托里尼岛西北尽头处的一个美丽城镇，它坐落在临海的断崖上，据说是拥有世界上最美日落的地方。于是每到傍晚6、7点钟的时候，这里总是挤满了来自世界各地的游客，人们都在等待最美日落的一刻。但是，伊亚的美绝不止于日落，这里还有蓝白色相间的石洞屋以及2个典型的希腊式风车。

旅游资讯

地址：位于菲拉西北约10千米处

交通：旺季有从菲拉到伊亚方向的公交，费用约1.2欧元

⭐⭐⭐ 旅友点赞

　　到了圣托里尼，一定要到伊亚欣赏最著名的"日落爱琴海"的美景。其实，除了日落，这里还有很多值得欣赏的美景。如被称为"鸟巢"的石洞屋，这不是原始的黄色穴洞，而是有着白色屋顶、蓝彩窗棂的精致小屋，再摆上几盆红花，在阳光的照耀下，一派休闲风格，就像明信片中的风景。

Tips

　　伊亚附近房屋众多，路窄人稠，如果想找到欣赏日落的好位置，最好能提前过去。伊亚以白教堂为中心分南北两部分，教堂以北是欣赏日落的最佳角度。

晚上在哪儿玩

欣赏过了世界上最美的日落，待天色慢慢暗下来，就该回到菲拉城中了。这时，如果你还不累，可以去城中的俱乐部感受一下颇具希腊风情的希腊音乐。

Koo Club

Koo Club是由5家酒吧组成的俱乐部，这些酒吧虽然风格不同，却有着统一的标准。这里的音乐有主流音乐和带着嘻哈乐风格的希腊打击乐，深受很多游客的喜爱。

地址：Koo Santorini

Day 5 百门圣母教堂→考古博物馆→莱福克斯→纳乌萨→普利基亚

基克拉泽斯群岛的第二站，是前往有"爱琴海的女儿"之称的帕罗斯岛（Paros Island）。帕罗斯岛是基克拉泽斯群岛第四大岛，以出产白色的大理石而闻名，巴黎卢浮宫中的《米罗的维纳斯》雕像就是用这里的大理石雕成的。与其他岛屿相比，帕罗斯岛显得更加闲适与宁静。从圣托里尼岛乘坐渡船到这里大约2个小时。

基克拉泽斯群岛第2天行程		
时间	目的地	行程安排
9:00~11:00	百门圣母教堂	到了帕罗斯岛之后，船靠在在普利基亚的港口。这时你可以直接前往富丽堂皇的百门圣母教堂
11:00~12:00	考古博物馆	参观完百门圣母教堂，你可以向后走，考古博物馆就在不远处。考古博物馆有珍贵的浮雕和雕像，值得参观
12:00~14:00	午餐	普利基亚是帕罗斯岛上最繁华的地方，而下午要去的莱福克斯地处深山之中，周围很难找到营业的餐厅，所以建议你往普利基亚吃午饭，然后再去莱福克斯
14:00~16:00	莱福克斯	吃过午饭，你可以乘车前往宁静安详的莱福克斯。这是一个充满浪漫气息的地方，不容错过
16:00~19:00	纳乌萨	接下来可以去纳乌萨游览，这里有小巷、博物馆和海滩，一定会让你流连忘返
19:00~21:00	普利基亚	离开纳乌萨以后，你可以漫步于普利基亚的街道上，还可以在普利基亚的酒吧品尝美酒

考古博物馆
（Archaeological Museum）

百门圣母教堂
（Temple of Panaya of Ekatontapiliani）

纳乌萨
（Naousa）

Καμάρες Πάρου

AY.Ανδρέας

Ampelas Αμπελατ

CD约11千米，乘车约10分钟

AB约0.4千米，步行约6分钟

Kostos Κώστος

莱福克斯（Lefkes）

Γλυφάδες

Notia Νοτια

Katafigio Agrias Zois Agioi Pantes

Τσουκάλια

BC约11千米，乘车约10分钟

▲ 基克拉泽斯群岛第2天行程路线示意图

百门圣母教堂

百门圣母教堂（Temple of Panaya of Ekatontapiliani）始建于公元4世纪，因其华丽的装潢被称为基克拉泽斯群岛上最壮丽的教堂之一。百门圣母教堂由圣尼古拉斯教堂、OurLady教堂和Baptistery教堂组成，这三座教堂的风格截然不同。圣尼古拉斯教堂是三个教堂中最大的，内有由帕罗斯大理石制成的华丽廊柱和雕刻精美的圣像间壁。

旅游资讯

地址：Temple of Panaya of Ekatontapiliani，Paros
交通：从港口向东南方向步行约500米可到
网址：www.ekatontapyliani.org
开放时间：复活节至9月7:30～21:30；10月至复活节8:00～13:00，16:00～21:00

旅友点赞

百门圣母教堂是岛上的一大景点，位于岛上热闹的普利基亚（Parikia）。虽说叫"百门"圣母教堂，只是为了形容门多而已，实际上并没有那么多。在教堂附近有一块印有脚印的石头，据称这是古代岛上的守护神圣托克提斯蒂的脚印。来帕罗斯人们，都要试一试把脚放进脚印里，据说这样会给人们带来幸福。

考古博物馆

从百门圣母教堂向后走，有一个考古博物馆（Archaeological Museum）。博物馆中有许多有趣的浮雕和雕像，但这里最著名的展品是一块4世纪帕罗斯编年史的碎片，这块大理石上面记录有绝大多数古希腊艺术杰作。

旅游资讯

地址：Archaeological Museum, Paros
交通：从港口向西北方向步行约400米可到
网址：www.ekatontapyliani.org
开放时间：复活节至9月7:30～21:30；10月至复活节8:00～13:00、16:00～21:00
电话：02284-021231

旅友点赞

考古博物馆中陈列了许多很有历史的文物，其中一尊蛇发女怪、一座公元前5世纪的带翼胜利女神雕像、一幅描述大力神赫拉克拉斯狩猎的马赛克镶嵌画和7世纪岛上著名的诗人和军人安狄洛库斯的浮雕，非常值得一看。

中午在哪儿吃

普利基亚是帕罗斯岛上最繁华的地方，而下午要去的莱福克斯地处深山之中，周围很难找到营业的餐厅，建议你最好在普利基亚先吃过午饭再去莱福克斯。

Mouragio-Taverna

Mouragio-Taverna位于普利基亚大街上，是一家专门制作地道希腊风味美食的餐馆。餐厅装饰美观，桌子全部粉刷成白色，墙壁则是明亮的蓝色，充满了浓浓的波西米亚风情。餐厅服务人员态度热情周到，让客人有一种宾至如归的感觉。

地址：Community – Promenade Parikia, Paros
交通：从教堂向西南步行约500米可到
营业时间：11:00至次日0:00
电话：02284–023270

莱福克斯

莱福克斯（Lefkes）是帕罗斯岛中心深处一个宁静的山村，背靠连绵起伏的群山。这里有弯弯曲曲的小路、风格淳朴的白色房子、路边烂漫的鲜花以及山顶上星罗密布的古旧风车，到处弥漫着一种宁静而优雅的气氛，让人感觉仿佛置身于童话之中。

旅游资讯

地址：Lefkes,Paros（普利基亚东南9千米处）
交通：从普利基亚有前往这里的公交车，回程票在下车的地方可以买到

旅友点赞

莱福克斯是帕罗斯岛上最美丽的小镇之一，这里游人稀少，甚至难以看到营业的商店、餐馆，家家户户门口盛放的鲜花和各种精致的小讲堂又让这里充满了无限的生机。就连这里的猫似乎也比别的地方的猫更散漫和友好，这里就像一个远离喧嚣的世外桃源。

纳乌萨

纳乌萨（Naousa）位于帕罗斯岛的北部海岸，原本是一个宁静的小渔村，后来成为了一个广受欢迎的旅游胜地。纳乌萨的小巷错综复杂，曲曲折折，就像迷宫一样，非常有趣。纳乌萨附近还有很多海滩，其中海湾深处的Kolymvithres有许多造型奇趣的岩石，非常受欢迎。

旅游资讯

地址：Naousa, Paros
交通：每天从普利基亚有前往这里的公交车

旅友点赞

由于纳乌萨在帕罗斯岛的海岸上，所以这周围的海滩很多，除了Kolymvithres，在东部岬角另一端有一个Santa Maria海滩，是一个适合帆船运动的地方。在镇上闲逛的时候，可以去顺便参观下镇上的拜占庭博物馆（Byzantine Museum）和民俗博物馆（Folklore Museum），非常别致。

167

晚上在哪儿玩

在远离喧嚣的小镇暂时将自己放空之后，如果还是想回到人多热闹的地方，那就回到普利基亚吧。

普利基亚

普利基亚是帕罗斯岛的中心，这里既保留着朴素的民风，也融入了很多现代气息。漫步城中，你可以找到首饰店、纪念品、餐厅店、超市等店铺，在沿海还有很多时尚的咖啡厅，城中的酒吧会一直营业到深夜。这里的消费水平相对其他岛屿也比较低。

Day 6　迷宫小巷→米克诺斯风车

游完帕罗斯岛，可以乘船前往米克诺斯岛（Mykonos），从帕罗斯到米克诺斯用时约2小时。米克诺斯岛被誉为"爱琴海上的宝石"。这里有湛蓝的海水、疏落有致的白色房屋以及点缀其间的庞大而优雅的风车。这里闲适自在的生活方式将带给你另一番体验。

基克拉泽斯群岛第3天行程		
时间	目的地	行程安排
10:00~12:00	迷宫小巷	上午可以先去迷宫小巷游览，这个小巷有着浪漫气息。就算只是在小路上漫步，也是一种享受
12:00~14:00	午餐	漫步于迷宫般的小巷，你可以看到特色餐馆，不妨就在 Avra Restaurant餐厅品尝美食
14:00~18:00	米克诺斯风车	走出小巷之后，你就能看到米克诺斯风车，这种风车是岛上一道美丽的风景线，值得欣赏
20:00~20:30	Parthenis服装店	接下来可以去城中的老牌服装店Parthenis挑选衣服，说不定能淘到心仪的宝贝

Jackie O'

Skandinavian Bars-Disco/
Club-Mykonos Clubs

迷宫小巷
（Mykonos Town）

AB约0.5千米，
步行约6分钟

米克诺斯风车
（Mykonos Windmills）

Mponi

Agiou Spiridnos

Gorgona酒店

塞墨勒酒店
Semeli Hotel

麥克诺斯瑟奥
可森尼亚酒店
Mykonos Theoxenia

Belvedere酒店

▲ 基克拉泽斯群岛第3天行程路线示意图

迷宫小巷

　　所谓"迷宫"，其实是米克洛斯市区（Mykonos Town）。当年为抵御外敌入侵，这里的居民把房子和地面全漆成白色，再加上这里的道路又窄又小，毫无规则，所以整个市区就像个复杂的迷宫，让人很难辨认方向。但是这里并不只是单调的白色，在窄窄的小路上漫步，头顶是湛蓝的天空，两旁是犹如七彩糖果般缤纷的窗子，能让人忘掉现实的一切烦恼。

旅游资讯

地址：Mykonos Town, Mykonos
交通：可以从港口或者汽车南站进入小镇

旅友点赞

漫步在纵横交错的横街窄巷，踏着极具特色的白色网状的路面，你会感觉像在童话里游走一般。左右两边白色的小房子上，镶嵌着蓝色、黄色、橙色或者绿色的门窗，让人不禁好奇在这样可爱的门窗后面，会有怎样的生活场景。

Tips

在迷宫小巷漫步的时候，不必担心会迷路，因为最终不是走到港口，就是走到汽车南站。

中午在哪儿吃

漫步在迷宫般的小巷中，不知不觉总能碰到一些装饰考究的餐馆，如果你正好也饿了，不妨进去饕餮一番吧。

Avra Restaurant

Avra Restaurant 是米克诺斯镇上的一家花园餐厅，你可以在有着白色围墙的花园里用餐，气氛非常好。这里的食物种类不是太多，但做得都非常精致。

地址：Kalogera 27, Mykonos Town
网址：www.avra-mykonos.com
电话：02289-022298

米克诺斯风车

旅游资讯

地址：Mykonos Windmills，Mykonos
交通：从迷宫小巷向西南方向步行可到

米克诺斯风车（Mykonos Windmills）是米克诺斯的标志之一，这种风车屋顶铺着稻草，用粗绳绕成一个大圆作为叶扇。米克诺斯的风车最初是用来磨面粉以制作面包等各种面食的，现在已经成为了岛上一道美丽的风景线。

旅友点赞

漫步在米克诺斯小城，除了迷宫般的小镇街道、美丽的白色教堂，还有颇有风情的米克诺斯风车，这些风车有着悠久的历史，散布在城中的许多地方。

晚上在哪儿 玩

米克诺斯的白天风景如画，到了晚上也不逊色。当你参观完米克诺斯风车，可以去城中的老牌服装店中逛逛，说不定能碰上心仪的服装。

Parthenis

Parthenis是米克诺斯当地非常具有影响力的老牌服装店，这里的时装大多由来自雅典的知名设计师设计，非常时尚。

地址：Plateia Alefkandra,Mykonos

如果多待一天

基克拉泽斯群岛的景色美不胜收，如果你的时间不那么紧张，有足够的时间可以自由支配，可以在这里多玩一天。

多待一天的游玩

即使对于圣托里尼、帕罗斯和米克诺斯这3座主要岛屿来说，3天的时间也不能玩透这里所有的景点，如果有机会多待一天，那就好好逛一逛那些没来得及去的景点吧。

1 卡美尼岛

卡美尼岛（Nea Kameni Island）位于圣托里尼岛旁。在这座岛的山丘上可看到几个小的火山口，现在仍有硫磺气体喷出。小岛上满地凹凸不平的黑色火山岩，岩石间长出一簇簇黄色的小花，小岛周围是绿色的海水，映衬得十分美丽。

地址：圣托里尼岛旁边
交通：有从圣托里尼岛到这里的渡船

2 红色沙滩

红色沙滩（Kokkini Beach）是位于圣托里尼岛南端的阿科罗提利附近的一处风景迷人的海滩。因岩石富含铁质，所以这里的海滩呈现出与众不同的红色。在阳光的照耀下，红色的海滩愈发耀眼和神奇。

地址：圣托里尼岛阿科罗提利附近
交通：从阿科罗提利向西南方向步行约1.3千米可到

3 金色海滩

金色海滩（Hrysi Akti）是帕罗斯岛上的顶级海滩，位于帕罗斯岛东南海岸。这里拥有相当不错的沙质，海滩上还有沙滩椅和餐厅等设施。金色海滩比较适合帆板运动。对帆板运动有兴趣的游客，可以在这里体验速度与激情带来的乐趣。

地址：帕罗斯岛东南海岸
交通：从帕里基亚每隔1小时有1班公交前往金色海滩，所需时间约为1小时

4 提洛岛

提洛岛（Delos Island）在距离米克诺斯岛约4千米处，是基克拉泽斯群岛中最小的岛屿。这里曾一度是古代宗教、政治和商业中心，因此发掘出众多古代雕塑、建筑等文化古迹。由于这里丰富的考古资源，1990年被授以"世界文化遗产"称号。

地址：米克诺斯岛西南约4千米处
交通：每天（除周一外）都有几班船从米克诺斯岛发往提洛岛，用时约30分钟

多待一天的美食

基克拉泽斯群岛岛屿众多，美食种类也非常丰富。这里除了新鲜美味的海鲜，还有全麦面包、地中海蔬果、羊肉、乳酪以及橄榄油、葡萄酒等美食。当地出产的西红柿特别美味，因此炸西红柿球是到这里不可错过的特色菜；如果点沙拉，也可以要求加入当地的西红柿。

各岛屿上通常都有餐厅设在海边，你可以在品尝美食的同时欣赏到美丽的海景，不过，这些餐厅价格也是比较高的。如果想找一些价格实惠的餐厅，可以去居民区附近的一些由家庭经营的餐厅。

圣托里尼岛

1 Metaxi Mas

Metaxi Mas位于圣托里尼一个小村庄中，有很多当地人在此用餐。店里提供正宗的希腊美食，尤其是这里的奶油芦笋和烤章鱼非常受欢迎。

地址：Exo Gonia, Santorini
网址：www.santorini-metaximas.gr
电话：02286-031323

2 街角餐馆

街角餐馆（Corner Restaurant）是圣托里尼一家以提供早餐为主的餐厅，这里气氛温馨，服务热情，有华夫饼、鸡蛋、咖啡、果汁等多种选择。

地址：M. Danezi, Fira
电话：02286-025512

3 PK Cocktail Bar

PK Cocktail Bar 位于火山口附近，这里有贴心而热情的服务，种类繁多的鸡尾酒，浪漫优雅的环境和令人难忘的落日。

地址：Ipapantis,Fira
网址：www.paliakameni.com
电话：02286-022430

帕罗斯岛

1 The Little Green Rocket

The Little Green Rocket是帕罗斯岛上一家规模比较大的现代化餐厅。餐厅将地中海美食与亚洲、墨西哥美食相融合，更适合来自世界各地的游人的口味。

地址：close to the Post Office, Parikia
电话：02284-027560

2 Meltemi Cafe

Meltemi Cafe有着优越的地理位置，你可以在这里边用餐边欣赏美丽的海景。在这家餐厅你能受到热情而友好的接待，开启一段轻松浪漫之旅。

地址：Paroikia，Paros
电话：02284-021092

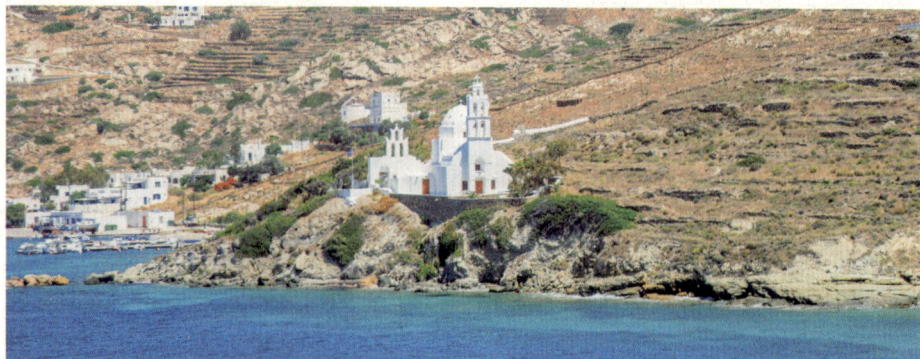

米克洛斯岛

Funky Kitchen

Funky Kitchen坐落在远离市区的一个平静的小巷中，将你和城中的热闹与喧嚣隔开，不过餐厅的气氛非常友好，食物也非常美味。

地址：Ignatou Basoula Lakka, Mykonos Town
营业时间：19:00至次日1:00
电话：02289-027272

M-eating

M-eating的环境非常优雅，你可以在外面的露天广场中用餐也可以坐在宁静的花园中用餐。这里的美食有生鲈鱼片，米克诺斯风味的蘑菇和烤章鱼等当地地道的美食。

地址：10,Kalogera str, Mykonos Town
网址：www.m-eating.gr
电话：02289-078550

多待一天的购物

在基克拉泽斯群岛购物非常方便，在圣托里尼岛的菲拉，有Armani、Versace、Timberland等的购物区以及大批的珠宝店；米克诺斯的街上也许多时尚艺术专区，包括Lacoste、Dolce&Gabbana、Naf Naf等时尚品牌都在这里可以找到。

New Art

如果你想在圣托里尼岛上找到适合的礼品带回国，店铺New Art或许是你最好的选择之一，这里有设计师Werner Hampel设计的高质量的个性T恤。

地址：Erythrou Stavrou,Santorina

Epilekton

Epilekton位于圣托里尼岛的伊亚小镇上，这家店不同于岛上任何一家礼品店。在这里能找到的都是其他店里所没有的小物件，如泛黄的笔记本、古老的硬币，以及各式各样的希腊地图等。店主是一位热情博学的中年男子，他熟知店里物品的来历，并且对希腊历史也非常的有见解。在这里，你不仅可以找到心仪的小礼物，还可以和店主聊聊，相信会很有收获。

地址：Epilekton Karaiskou 111，Oia
网址：www.epilekton.gr
营业时间：10:00~20:00
电话：02286-071686

多待一天的娱乐

基克拉泽斯群岛作为爱琴海上最璀璨的岛屿群，在这里你可以在酒吧等地娱乐消遣，还可以以各种方式尽情享受海的馈赠。你可以在海边的沙滩上嬉戏，也可以在海上进行帆船、帆板运动，还可以潜入水中去亲近那个蔚蓝的世界。

2 Kira Thira Jazz Bar

Kira Thira Jazz Bar位于圣托里尼岛上的菲拉小镇，是当地最受欢迎的酒吧之一。日落之后，酒吧开始活跃起来，这里有超值的鸡尾酒，热情的服务以及动听的爵士音乐。

| 地址： | Fira 84700, Greece |

1 帆船

如果你对帆船运动感兴趣，一定不要错过帕罗斯岛上的金色海滩（Hrysi Akti）和伊奥斯岛上的Mylopotas海滩，这是进行帆船运动最好的两个地方。一般来说，一条双体船的租金为20～25欧元每小时。

3 帆板运动

帆板运动在爱琴海诸岛十分盛行，因此，在爱琴海各个岛屿都可以租到帆板，价格通常为每小时12～15欧元。在诸多岛屿中，进行帆板运动最好的地方是帕罗斯岛东南海岸的金色海滩。

4 潜水

潜水在爱琴海诸岛是个十分热门的运动，爱琴海的海底有高低起伏的海底山脉、形状各异的海底洞穴以及神秘古老的沉船。在圣托里尼岛和米克诺斯岛都有着非常受欢迎的潜水学校。

Tips

在爱琴海潜水时需要注意：1.禁止无照潜水；2.禁止携带捕鱼设施的潜水设备潜水；3.禁止对古代文物进行摄影，如果发现了古物，需要立即通知距离最近的海洋古物部、港口管理局或警察局；4.对洞穴或考古等感兴趣的潜水者，需要在地方当局申请特殊许可证；5.禁止使用船舶等特种装备寻找古董。

基克拉泽斯群岛住行攻略

　　基克拉泽斯群岛是著名的旅游胜地，这里主要的旅游岛屿如圣托里尼、米克诺斯等都有不同档次的住宿地以供选择，所以住宿是很方便的。在岛上出行可以选择公交、出租车，也可以租车自驾。

在基克拉泽斯群岛住宿

　　基克拉泽斯群岛岛屿众多，且分布比较分散。各个热门岛屿都有各种类型的住宿地供你选择，因此如果在基克拉泽斯群岛待几个晚上的话，建议不要订在一个城市，免得晚上还要长途跋涉回住宿地。群岛的几个岛屿都是旅游热门地区，住宿价格比较贵，而且在旅游旺季游客众多，所以如果打算旺季前往，一定要注意提前预订酒店。

圣托里尼岛住宿地

1 洛伊索斯时尚酒店

　　洛伊索斯时尚酒店（Loizos Stylish Residences）在圣托里尼的菲拉市中心附近，这家酒店提供游泳设施，一室公寓带有浴室、阳台与庭院相通，里面配有空调、冰箱、卫星电视和免费无线网络连接。酒店提供往返于港口和机场的免费接送服务。

地址：Main Street
网址：www.loizos.gr
参考价格：双人间70欧元起
电话：02286-024046

2 安德洛墨达别墅酒店

　　安德洛墨达别墅酒店（Andromeda Villas）在火山口附近，酒店设有游泳池，阳光露台上配有免费阳光躺椅和遮阳伞。客房和套房简约而高雅的传统风格为特色，内部配备了现代化设施。你也可以在早餐室、餐厅、晚餐饭店和池畔酒吧用餐。

地址：Imerovigli
网址：www.andromeda-santorini.com
参考价格：双人间110欧元起
电话：02286-024844

帕罗斯岛住宿地

1 赛尼亚酒店

赛尼亚酒店（Hotel Senia）位于度假胜地纳乌萨滨，这里有豪华客房和套房等多种住宿类型，还设有无边泳池和池畔酒吧供客人消遣娱乐。客房内装饰以传统的基克拉迪风格为主，也融合了现代元素。

地址：Next to police station,Paros Island
网址：www.hotel-senia.com
参考价格：双人间70欧元起
电话：02284-051700

2 纳乌萨山精品度假酒店

纳乌萨山精品度假酒店（Naoussa Hills Boutique Resort）坐落在纳乌萨的一个山坡上，在这里可俯瞰纳乌萨湾。酒店提供精品客房、游泳池、网球场和小吃店。客房中配有电视、迷你吧和空调，浴室有淋浴和免费洗浴用品。

地址：Naousa,Paros
网址：www.naoussa-hills.gr
参考价格：双人间90欧元起
电话：02284-055022

米克诺斯岛住宿地

1 米克诺斯海湾酒店

米克诺斯海湾酒店（Mykonos Bay Hotel）坐落于Megali Ammos海滩，距离米科诺斯镇约300米。客房为简约的现代风格，配有卫星电视、吹风机、冰箱和阳台。酒店提供游泳池、日光浴床、自助早餐以及池畔酒廊酒吧。酒店提供往返于港口和机场的免费接送服务。

地址：Main Street Megali Ammos, Mykonos Island
网址：www.mykonosbay-hotel.com
参考价格：双人间110欧元起
电话：02289-023338

2 海神套房酒店

海神套房酒店（Poseidon Hotel）是Megali Ammos海滩附近的一家三星级酒店。酒店设有游泳池，公共区域提供免费无线网络，提供往返机场或港口的免费班车服务。酒店客房的标准设施包括冰箱、卫星电视和保险箱，在私人阳台上可欣赏到Mykonos镇和大海的美丽景致。

地址：Vida Mikonos
网址：www.poseidonhotel-mykonos.com
参考价格：双人间80欧元起
电话：02289-022437

基克拉泽斯群岛其他住宿地推荐				
地区	名称	地址	电话	费用
米克洛斯	Damianos Mykonos Hotel	Drossopezoula , Mykonos Town	02289-023085	双人间60欧元起
	Ilio Maris	Despotika,Mykonos	02289-023855	单人间70欧元起，双人间85欧元起
帕罗斯	Villa Isabella	Naoussa	02284-051090	双人间60欧元起
圣托里尼	Panorama Studios & Suites	Kato, Fira	02286-023177	双人间140欧元起
	Splendour Resort	Firostefani	02286-021600	双人间120欧元起

在基克拉泽斯群岛出行

基克拉泽斯群岛各个岛屿相对较小，交通也比较简单。有的岛上景点距离很近，而且道路崎岖，这时候可以选择步行。如果距离较远，可以乘坐公交车、出租车，有的岛屿还会提供缆车。当然，如果想要自驾的话也可以租车环岛游。以下是主要岛屿的交通信息。

基克拉泽斯群岛交通资讯		
岛屿	交通工具	详细信息
圣托里尼岛	公交车	圣托里尼有从菲拉开往岛上各主要景点的公交，如从菲拉到伊亚的公交每半小时一班，由Kamari和Perissa开往Athinios港口的公交车一般在多数渡船起航前1.5小时出发。票价根据距离分1.4欧元、1.7欧元和2欧元不等，公交车具体时刻表可登陆网站www.ktel-santorini.gr查询
	出租车	在圣托里尼乘坐出租车也比较方便，可以在出租车乘车点打车，也可以打电话叫车。从Athinios港口到菲拉、从菲拉到伊亚，一般都在10欧元左右，如果打电话叫车会在12欧元左右
	租车	在当地酒店都会有租车信息，一般咨询你下榻的酒店就可以租到车。通常一辆Smart的租金一天35～40欧元
	缆车	在菲拉和费拉斯卡拉港口之间有缆车运行，运行时间为7:00～22:00（冬季至21:00），用时约20分钟，单程票价约4欧元（行李需另加2欧元）
帕罗斯岛	公交车	帕罗斯岛的公交车站位于港口向左约100米处，这里有去往岛上各个地方的公交车，从Parikia到纳乌萨的公交每天约有12班
	出租车	帕罗斯岛上的出租车多聚集在Parikia的环形路口旁，在这里你可以乘坐出租车前往岛上各处；另外，你也可以在Parikia周围海滩的码头乘坐水上出租车前往各地
	租车	Parikia的水边码头区有许多租车的地方，在这里你可以租到汽车、摩托车以及自行车
米克诺斯岛	公交车	米克诺斯岛有2个主要的公交站：北部车站和南部车站。北部车站位于Remezzo；南部车站位于Fabrika广场。如果去Agios Ioannis海滩、Ornos、Platys Gialos以及Paraga通常在南部车站坐车。车票需要提前购买，可以在街边报亭、旅游商店和小市场等地买到，一般在1.5欧元左右
	出租车	在米克诺斯的公交南站附近就有出租车乘车点。这里的出租车起步价约2.9欧元，行李需要另外收费，到Agios Stefanos海滩约为4欧元，到伊利亚约12欧元
	租车	米克诺斯岛不算太大，路况也还可以，因此你也可以选择租车自驾。旺季租车一般在40～98欧元，淡季在30～80欧元，具体价格取决于车型

时间改变

去锡米岛玩1天

时间延长

基克拉泽斯群岛的景色美不胜收，令人流连忘返。如果你的时间比较充足，一定要在这里多安排几天。罗德岛以北约20千米处的锡米岛（Symi Island），以其宁静而古朴的风格成为一个很受欢迎的旅游目的地。

锡米岛小镇

锡米岛小镇的房屋依山而建，这些房子不是千篇一律的整齐，而是错落有致地分散在岛上，形成一种和谐的韵律美。这里的居民过着简单而富足的渔民生活，民风淳朴。漫步其中，就像游走在童话中的小镇。

旅游资讯

地址：Symi Island
交通：旅游旺季每天有从罗德岛过来的游船

旅友点赞

乘坐从罗得岛过来的游船，进驻港口时就可以看到这个美丽的小镇。小镇建筑掩映在浓浓的绿色中，这里没有喧闹和忙碌，只有宁静和安详。小镇在蓝天绿树的映衬下，显得更加明朗，让人的心情顿时更加好了起来。

摩尼·帕诺米蒂斯修道院

摩尼·帕诺米蒂斯修道院（Monastery of the Archangel Michael Panormitis）位于锡米岛的西南部，是岛上一个非常有名的地标性建筑。这座建于18世纪早期的修道院虽然饱经风霜，内部依然保存了许多精美绝伦的拜占庭风格的壁画，还有一个雕刻精细的东正教圣章。

旅游资讯

地址：锡米岛西南部

交通：沿从港口沿海岬走可到

旅友点赞

摩尼·帕诺米蒂斯修道院有着悠久的历史，这里是希腊水手的朝圣之地。在这座修道院中，你还能俯瞰整个海湾，海湾中蓝绿色的海水晶莹而清澈，风光秀丽，非常迷人。

时间缩短

如果你的时间比较紧，只有5天或者更少的时间，那么你可以不去较远的罗德岛和克里特岛，只在基克拉泽斯群岛游玩也能让你的行程无比充实。在基克拉泽斯群岛，除

去米洛斯岛、纳克索斯岛玩2天

了上面提到的圣托里尼岛、帕罗斯岛、米克诺斯岛，还可以去米洛斯岛（Milos Island）和纳克索斯岛（Naxos）游玩两天。米洛斯岛上有多彩崎岖的岩石、各种各样的海滩，还有温泉以及引人注目的古迹。纳克索斯岛是一个富饶而广阔的岛屿，被英国诗人拜伦称为"梦幻之岛"。

米洛斯岛

　　米洛斯岛（Milos Island）是基克拉泽斯群岛中形状酷似马蹄的一座岛屿，岛上因火山运动形成了多彩而崎岖的岩石和各式各样的温泉，另外还有风格各异的海滩以及引人注目的古迹，著名的雕像《米洛斯的维纳斯》就是在这里发现的。

米洛斯考古博物馆

　　米洛斯考古博物馆（Archaeological Museum of Milos）中收藏了许多从当地出土的古代文物，如基克拉迪时代晚期的小公牛雕像和著名的《米洛斯的维纳斯》的复制品等，都十分具有观赏价值。

米洛斯古罗马剧场

　　米洛斯古罗马剧场（Ancient Roman Theatre）最初建于公元前，遭到破坏后进行了重建，重建后的剧场有7层大理石台阶，最多可容纳7000人。这里音响效果非常好，到现在这里不时还会举办各种文艺演出和音乐会。

旅友点赞

　　米洛斯岛四周被美丽的沙滩环绕，岛上有一座火山，因此矿产十分丰富，可以说是一个天然的地质博物馆，尤其是那些由火山岩浆生成的黑曜石，质地坚硬，是古代制造工具和武器的良好材料。

纳克索斯岛

纳克索斯岛（Naxos Island）是基克拉泽斯群岛最大的岛屿，在希腊神话中，这里是"酒与戏剧之神"迪翁尼索斯的出生地。这里的民居多依山而建，多种建筑风格混杂，得到了许多旅行者和艺术家的喜爱，英国诗人拜伦称之为"梦幻之岛"。

阿波罗神殿遗址

阿波罗神殿遗址位于纳克索斯城北的一个山丘上，这里是全岛观看爱琴海落日的最佳地点。虽然在岁月的侵蚀下现在只剩下一个石门，但这里仍然是纳克索斯岛的标志性建筑，因此吸引了不少游客前来合影。

巨型大理石雕像

在纳克索斯城南，有一处巨大的露天大理石采石场，这里躺着一尊公元前7世纪初的未完工的巨型石雕。这尊巨大的雕像高10米多，重达30吨，据说是为阿波罗神庙雕刻的阿波罗雕像。不过让人费解的是，如此巨大的雕像要怎样才能运到50千米外的阿波罗神庙中。

杜克宫

杜克宫建造于12世纪，由7座塔组成。这里原为一座学校，后被改建为博物馆，里面收藏了基克拉泽群岛早起的一些雕像、陶器以及古老的珠宝、古钱币等文物。

旅游资讯

地址：基克拉泽群岛的中心

地址：从其他各岛乘坐渡船可以到达

旅友点赞

纳克索斯岛堪称基克拉泽斯群岛中最为美丽和富饶的岛屿之一。这里除了阿波罗神殿遗址和巨型大理石雕像，还有一个著名的洞穴，洞穴周围还有纳克索斯古城的遗迹，如今岛上博物馆中收藏的许多文物就是在这里的海水中发现的。

纳克索斯岛

Part 3

希腊
中部一周游

Part 3 希腊中部一周游

希腊中部游印象

★★★ 淡泊恬静的地区

与雅典、爱琴海诸岛等其他热门旅游地区相比，这一地区要显得更加恬静。这里没有太多热情似火的海滩，也没有人来人往的大型购物场所，只有宽窄不一的街道、悠闲行走的毛驴、安静古老的房屋以及阳台上盛放的繁花。

★★★ 久经风雨的遗迹

这里的遗迹虽然不像雅典分布得那样稠密，但是几乎每个城市都有着久经风雨的历史遗迹。科林斯有建于罗马时代的古科林斯遗迹，埃伊纳有建于公元前5世纪的阿菲亚神庙，纳夫普利翁的帕拉米蒂城堡也经历了200多年的风雨。

★★★ 《荷马史诗》中的城市

《荷马史诗》颂扬了一个"遍地是黄金"的城市，就是古老的迈锡尼。这片土地上曾组织起了一支强大的军队，与特洛伊人相持长达10年之久，最终利用木马计攻陷城池。而凯旋而归的迈锡尼国王阿伽门农却被他的妻子杀死。

★★★ 奥林匹克运动发源地

公元前8世纪，古希腊人在伯罗奔尼撒半岛上的奥林匹亚举行了第一届运动会，经过2000多年的薪火相传，谁也不会想到，这个最初只是为了和平而举办的比赛已经成了全世界举世瞩目的盛会。现代奥林匹克大会的圣火点燃仪式就在奥林匹亚遗址的赫拉神庙举行。

推荐行程

A 萨罗尼克群岛   约170千米   B 伯罗奔尼撒半岛

Nemea
Νεμεα

阿西基亚
Aθικια

Sofiko
Σοφικό

ΕΟ Κορίνθου Άργους

Katafigio Agrias Zois
Maliza-Tourneza

Αυγουριό

萨罗尼克群岛
（Saronic）

AB约170千米

Μεγαλοχώρι

Πάρδικα

迈萨纳
Μέθανα

Αλκαρίθου Τραπόλίως

Επαρ.Οδ. Νεμέας-Άργους

基韦里
Κιβέρι

Γαλό

Katafigio Agrias Zois
Stavropodi-Kanapitsa

阿尔戈利斯湾
Αργολικός
κόλπος

Mavrovouni

加拉塔斯
Γαλατάς

阿斯特罗斯
Αστρος

埃尔米奥尼
Ερμιόνη
佐科斯岛
Δοκός

Idra
Υδρα

Faraggi Mazias

伯罗奔尼
撒半岛
（Peloponissos）

Spetses
Σπετοες

Τυρός

最佳季节

萨罗尼克群岛与伯罗奔尼撒半岛这一地区一年四季都适合来旅游，不过最好的季节还是在4~6月以及9~11月。

萨罗尼克群岛和伯罗奔尼撒半岛距离雅典都非常近，纬度大致相同，而且伯罗奔尼撒半岛跟雅典都紧靠大陆，所以这一地区与雅典的气温变化大体一致。

最佳季节的衣物

春秋时节到萨罗尼克群岛和伯罗奔尼撒半岛旅游，需要准备的衣物跟在国内时差不多，不过有一些要注意的地方。伯罗奔尼撒半岛的一些遗址位于山上，周围没有遮阴的地方，所以最好准备一把遮阳伞和一双舒适的平底鞋。这一地区的昼夜温差比较大，所以无论什么时候来都需要备好一件厚一些的外套，以抵挡海风的凉气。另外，这里不像雅典那么繁华，购买衣服可能没有那么方便，所以尽量提前准备好。

希腊中部游最佳季节衣物						
衣物种类	4月	5月	6月	9月	10月	11月
风衣	√	√	√	√	√	√
厚外套	√	√	√	√	√	√
单层套装	√	√	√	√	√	√
牛仔衫裤	√	√	√	√	√	√
T恤裙装	—	√	√	√	√	—
泳装墨镜	√	√	√	√	√	√

中部路线： 萨罗尼克群岛—伯罗奔尼撒半岛6天6夜游

城市	日期	时间	每日安排
6天6夜的中部路线			
萨罗尼克群岛	Day 1	上午	埃伊纳小镇
		下午	阿吉亚停泊港→阿菲亚神庙
	Day 2	上午	波罗斯岛
		下午	伊兹拉岛
伯罗奔尼撒半岛	Day 3	上午	考古学博物馆
		下午	帕拉米蒂城堡→布尔奇岛
	Day 4	上午	迈锡尼考古博物馆
		下午	阿特柔斯宝库→迈锡尼古城
	Day 5	上午	古科林斯遗址
		下午	科林斯运河
	Day 6	上午	阿斯克勒庇俄斯神庙
		下午	埃皮达鲁斯博物馆→埃皮达鲁斯剧场

到达萨罗尼克群岛

萨罗尼克群岛（Saronic）在伯罗奔尼撒半岛东北，这里的岛屿风光旖旎，各具特色。萨罗尼克群岛包含了有古代遗迹的埃伊纳岛（Aegina），小风景地波罗斯岛（Poros），靠帆船和驴代步的伊兹拉岛（Hydra）以及有着典型的希腊岛屿风光的斯派塞斯岛（Spetses）。

通航城市

我国没有到达萨罗尼克群岛的航班，但是从雅典到达萨罗尼克群岛非常方便。你可以先从我国的北京、上海、广州等城市乘坐飞机到达雅典（参照part1航班信息），到了雅典之后乘坐渡船到达萨罗尼克群岛。

从雅典到埃伊纳岛的轮船

旅游旺季的时候，每天都有很多班次的快速游艇和双体船从雅典到达萨罗尼克群岛，到了冬季班次会减少一些。由于萨罗尼克群岛的第一站是埃伊纳岛，所以这里只介绍从雅典到达埃伊纳岛的交通方式。

从雅典到埃伊纳岛的轮渡从雅典的比雷埃夫斯港（Piraeus Port）出发，到达埃伊纳岛西岸的Aegina Town的港口。这里每天发出3趟轮船到埃伊纳岛，用时约1小时，单程票价约为8欧元；如果乘坐快艇，班次更为频繁，所需时间更少，40分钟左右即到，费用在11欧元左右。

如何到市区

从雅典到埃伊纳岛的轮船停靠在岛西岸的埃伊纳小镇的港口，这个港口附近有一些银行、邮局以及出售特产的小摊等。出港口向左走是科罗纳海滩（Kolona Beach），海岸前有公交站，从这里你可以乘坐前往岛东北部的阿菲亚神庙（Temple of Aphaia）和人气度假地阿吉亚停泊港（Agia Marina）的公交车。

萨罗尼克群岛2日行程

萨罗尼克群岛诸岛分布比较分散，而在这里只安排了2天的时间，所以此行只去埃伊纳岛、波罗斯岛和伊兹拉岛。如果还能多待一天，可以再去转转斯派塞斯岛。

Day 1 埃伊纳小镇→阿吉亚停泊港→阿菲亚神庙

来到萨罗尼克群岛的第一天，去往距离雅典较近的埃伊纳岛（Aegina）。在雅典崛起之前，埃伊纳岛曾一度是周围的商业中心，现在则成为了雅典人节假日的休闲放松之所。

萨罗尼克群岛第1天行程		
时间	目的地	行程安排
10:00～12:00	埃伊纳小镇	该行程的第1站是埃伊纳小镇，从港口出来就到了埃伊纳小镇，这里有着美丽的房屋，值得参观
12:00～14:00	午餐	漫步在充满生活气息的小镇，如果走累了，你可以去Gramma Restaurant 餐厅吃饭
14:00～16:00	阿吉亚停泊港	吃完午饭以后，你可以去阿吉亚停泊港，那里有浅水海滩，是放松休闲的好地方
16:00～18:00	阿菲亚神庙	接下来可以去参观阿菲亚神庙，它外观看上去很漂亮，内部装饰独特
19:00～20:00	ΕΝΘΤΜΙΟΝΤΣ ΑΑΑΛΑΣ ΕΤΓ ΕΝΙΟΣ'	吃过晚饭后，如果不急着回酒店，可以去市中心的纪念品店 ΕΝΘΥΜΙΟΝΤΣΑΛΑΣΕΥΓΕΝΙΟΣ买些纪念品

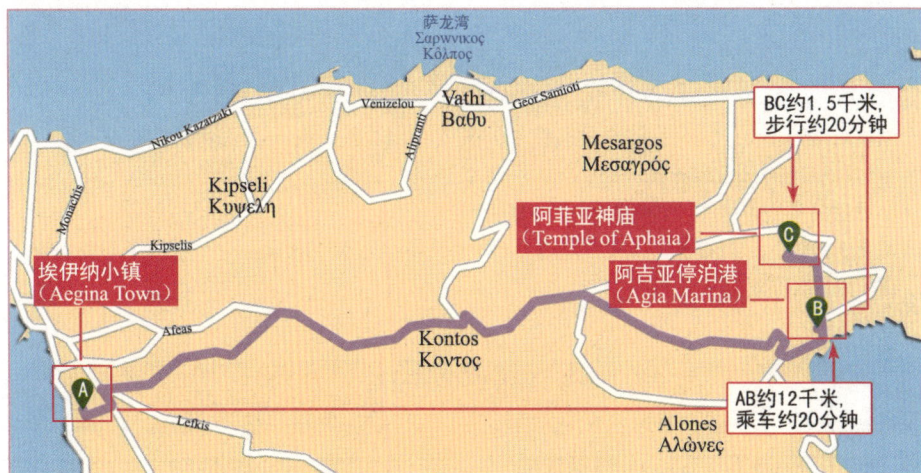

萨龙湾
Σαρωνικός
Κόλπος

Venizelou Vathi Βαθυ Geor.Samioti

Nikou Kazazaki

Aliprandi

Mesargos
Μεσαγρός

BC约1.5千米，
步行约20分钟

Kipseli
Κυψελη

Kipselis

阿菲亚神庙
（Temple of Aphaia）

C

埃伊纳小镇
（Aegina Town）

阿吉亚停泊港
（Agia Marina）

B

Monachis

Afeas

Kontos
Κοντος

A

AB约12千米，
乘车约20分钟

Lefkis

Alones
Αλώνες

▲ 萨罗尼克群岛第1天行程路线示意图

193

埃伊纳小镇

从港口出来，就到了埃伊纳小镇（Aegina Town），这里是埃伊纳岛上的交通枢纽。在港口附近你可以看到许多出售当地特产以及新鲜果蔬的小摊，尤其是出售当地著名特产——开心果的小摊非常多。行走在小镇中，道路两旁有很多浅色的房屋，在阳光下非常美丽。

旅游资讯

地址：Aegina Town
交通：从港口出来后即是

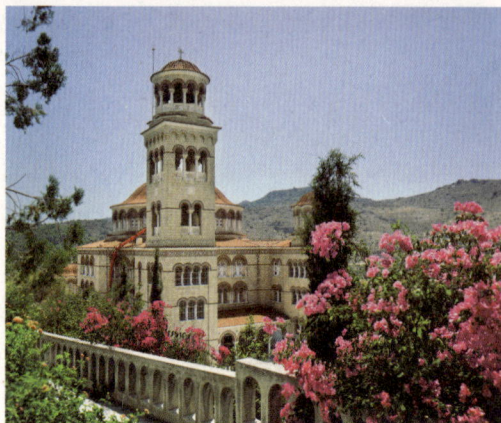

★★★

旅友点赞

这是一个适合悠闲散步的小镇，很有生活气息。你可以在小摊上买些当地特产开心果，也可以去鱼市周围去吃一些新鲜美味的海鲜。在港口的西北方向，还有一个科罗纳海滩，因其附近的交通非常方便而受到很多游客的喜爱。

中午在哪儿 吃

漫步在充满生活气息的小镇，走得累了，乏了，说不定转个角就能遇到很好的餐厅让你饱餐一顿。

Maistrali Restaurant

Maistrali Restaurant位于阿吉利亚利亚停泊港附近的沙滩上，由Aura家族经营的一家专门供应地道希腊风味美食的餐厅。在这里你可以品尝到鲜嫩多汁的肉类、新鲜打捞的海鱼、沙拉，以及各色传统美食。并且，店内的食物全部采用最新鲜、最纯净的食材制作，保证菜品既美味又卫生。

地址：Avenue 5, Kazantzakis
网址：www.maistraliaegina.gr
营业时间：周一至周五10:00~19:00
电话：02297-026488

阿吉亚停泊港

阿吉亚停泊港（Agia Marina）是埃伊纳岛上热门的度假地。由于这里有浅水海滩，吸引了很多父母带着自己的孩子来到这里，因而成为了许多家庭度假的首选地。

旅游资讯

地址：Agia Marina Aegina

交通：乘坐从埃伊纳镇前往Agia Marina的公交可到

★★★
旅友点赞

　　如果你在旅游旺季来到这里，你会看到一派非常热闹的景象，有人在暖暖的阳光下慵懒地晒着日光浴，有人在清凉的海水中游泳嬉戏，也有人跟孩子在软软的沙滩上尽情玩耍。

阿菲亚神庙

　　阿菲亚神庙（Temple of Aphaia）位于埃伊纳镇以东约12千米处，是埃伊纳岛上最著名的旅游景点之一。这座神庙建成于公元前6世纪至公元前5世纪之间，历经2000多年的风雨之后，现在看起来仍然非常美丽。

旅游资讯

地址：Temple of Aphaia Aegina

交通：可在埃伊纳镇乘坐前往阿菲亚神庙的公交，票价约为1.5欧元

网址：www.odysseus.culture.gr

电话：02297-032398

★★★
旅友点赞

　　在阿菲亚神庙中，至今还保存着24根多利安式的石柱，这些石柱是用在埃伊纳的石灰岩制成的。神庙坐落在埃伊纳岛的一个山峰上，从这里可以俯瞰萨罗尼克湾的全景。

**晚上在哪儿
玩**

　　参观完古老的阿菲亚神庙，就该回到热闹的埃伊纳城中来了。吃过晚饭后，如果不急着回酒店，可以去市中心的纪念品店里逛逛，买些纪念品回去带给亲朋好友。

ENΘΥMIONTΣΑΛΑΣΕΥΓΕΝΙΟΣ

　　ENΘΥMIONTΣΑΛΑΣΕΥΓΕΝΙΟΣ 是埃伊纳城中一家综合性的购物中心，在这里你能找到当地特色的纪念品和精美的小礼品，还能买到一些应季的时尚服装。

地址：P.Irioti,Egina

网址：www.enthimion.com

电话：02297-022988

Day 2　波罗斯岛 → 伊兹拉岛

波罗斯岛（Poros Island）是一座美丽而安静的岛屿，但它也非常小，可以用一个上午在波罗斯岛逛一逛，下午的时候乘船前往附近的伊兹拉岛（Hydra Island）。

时间	目的地	行程安排
萨罗尼克群岛第2天行程		
9:00~12:00	波罗斯岛	该行程的第1站是波罗斯岛，该岛风景秀丽，别有一番风情，不容错过
12:00~14:00	午餐	波罗斯岛比较小，因此花费一个上午的时间就可以逛完
14:00~15:00	前往伊兹拉岛	吃完午饭，休息一会儿以后，你就可以乘坐轮船前往伊兹拉岛
15:00~19:00	伊兹拉岛	到达伊兹拉岛，你可以呼吸新鲜的空气，欣赏至美风景，好好放松一下
20:00~22:00	海盗酒吧	晚上不妨在伊兹拉岛的海盗酒吧娱乐一番，这个酒吧娱乐气氛浓厚，是消遣的好选择

▲ 萨罗尼克群岛第2天行程路线示意图

波罗斯岛

波罗斯岛（Poros Island）是一座景色秀丽的岛屿。岛上建筑以白色为主，安静而古朴，恰如当地人的生活。岛上遍植柠檬树和橄榄树，洁白的墙壁掩映于星星点点的绿树繁花中，别有一番风情。岛上还有迷人的海滩，Kanali、Neorion、Russian Bay等海滩都是享受海滩风光的好去处。

旅游资讯

地址：埃伊纳岛西南方向约40千米处
交通：每天有多班渡船从埃伊纳到达这里，用时约1.5小时，费用约8欧元

旅友点赞

波罗斯岛上人很少，周围一点儿都不喧闹，非常安静，很适合悠闲地在此度假。如果你还想在这里游泳，最好自己安排时间，而不是参加当地旅行社安排的1日巡游，因为那样的话时间比较赶，只能在这里散散步、买些纪念品。

中午在哪儿吃

波罗斯岛比较小，一个上午就能逛完了。逛完之后你可以在这里吃个午餐，稍作休息，然后再登上前往伊兹拉岛的轮船。

OASIS

位于海边的OASIS是一家很受欢迎的餐厅。这里的海鲜烹制得非常有特色，吃过之后唇齿留香，而且价格也算实惠，性价比比较高。

地址：Poros
交通：从波罗斯港口沿海岸线向东南方向走约400米可到
电话：02298-022955

伊兹拉岛

伊兹拉岛（Hydra Island）是萨罗尼克群岛中的一个非常有特色的岛屿，岛上没有汽车，交通全靠毛驴，因此没有尾气污染，环境非常好。岛上优美的景色、独特的交通方式也吸引了很多艺术家来到这里寻找灵感，因此也被称为"艺术家之岛"。

旅游资讯

地址：波罗斯岛以南约30千米处

交通：夏季每天都有从波罗斯岛到这里的轮船，用时约1小时，费用约4.5欧元

旅友点赞

行走在伊兹拉岛干净整洁的小巷中，你时常能够看到毛驴载着游人悠闲地晃来晃去，这个景象已经成为这座小岛的特色之一。岛上的艺术家们创作了各种各样的艺术作品，它们通常在纪念品店里出售，因此，到了这里你可以去淘一些个性十足的饰品、彩绘的盘子、银质首饰等。

晚上在哪儿玩

在城中的小巷漫步，看过了各式各样的店铺、民宅，不知不觉天色将晚。不要以为这座干净的城市的夜晚也是安静的，其实这里也有许多酒吧、咖啡馆供你消遣娱乐。

海盗酒吧

海盗酒吧（The Pirate Bar）位于风景优美的海边，每天早晨这里会提供新鲜美味的早餐。当夜幕降临，这里却会呈现另一种风格。活泼的DJ、轻松的气氛、动感的音乐和多种多样的鸡尾酒会让你彻底忘却旅途的疲惫。

地址：Votsi,Idra
网址：www.thepiratebar.gr
电话：02298-05271

如果多待一天

当你在萨罗尼克群岛待了两天之后，或许你已经对这些魅力无限的小岛恋恋不舍了。如果你的时间自由一些，不妨在这里多安排一天时间吧。

多待一天的游玩

因为时间的原因，两天的行程中并没有安排完萨罗尼克群岛中所有的旅游热门岛屿。既然多了1天的时间，那就可以去斯派赛斯转转。

1 斯派赛斯岛

与萨洛尼克湾的其他岛屿相比，斯派赛斯岛（Spetses）似乎更能代表希腊岛屿风光。岛上的汽车很少，三三两两的游人，有的步行，有的骑自行车，一派休闲风光。斯派赛斯镇可以算作小岛的中心，这里矗立着许多新古典式的建筑。

> 地址：伊兹拉岛西南约30千米处
> 交通：从雅典乘坐快艇到这里需要2个小时左右，渡船需要3小时

斯派赛斯博物馆

斯派赛斯博物馆的藏品相对来说可能数量没有那么庞大，但是种类却非常齐全，这里收藏了当地的传统服装、民间工艺品、考古发现等，可以说应有尽有。如果你想深入了解斯派赛斯这座小岛，一定不要错过这里。

> 地址：Spetses
> 票价：约3欧元
> 开放时间：每周二至周日8:30～14:30

Bouboulina博物馆

诞生于这个岛上的女英雄Laskarina Bouboulina在希腊独立战争期间建立了不朽的功勋，因此她在当地享有极高的声誉。Bouboulina博物馆就是以她的府邸为基础修建的，里面保存了Bouboulina的雕像并讲述了她生平的事迹。

> 地址：Dapia,Spetses
> 票价：约5欧元
> 开放时间：每年6月至9月周二至周日8:30～14:30，9月至次年5月周二至周日10:30～16:30
> 网址：www.bouboulinamuseum-spetses.gr
> 电话：02298-072416

多待一天的美食

每一个旅游热门地区都有着各种档次餐厅以满足游客的需要，萨罗尼克群岛也不例外。因为萨罗尼克群岛的游客以欧洲人为主，所以这里以希腊传统餐厅为主，也有一些意式餐厅，但是比较难见亚洲风味餐厅。

1 Meze Meze

这家餐厅坐落在波罗斯海港附近，临水而立，环境非常好。这是一对夫妇经营的餐厅，丈夫是希腊人，妻子是瑞典人，两人都热情而友好。餐厅有美味的食物和动听的音乐，可以让你享受一顿高质量的晚餐。

地址：Coast Road, Poros

2 Platanos Taverna

Platanos Taverna在当地享有很高的人气，这里环境优雅，客人可以在露天的花园里用餐。这里的美食也非常地道，尤其是烤肉不仅种类繁多，而且鲜香可口。如果来了这里，一定不会让你失望。

地址：Saint Georges Square, Poros
网址：www.poros.com.gr/platanos
电话：02298-025409

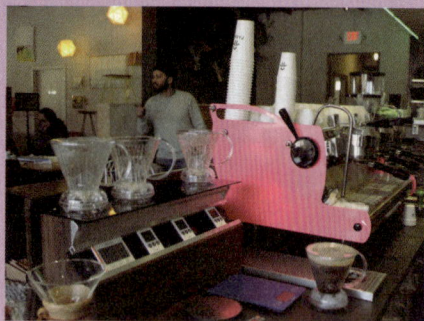

3 Ostria Restaurant

这家餐厅就在伊兹拉港口附近，提供传统的希腊菜式。这里的炒西葫芦球、肉丸、鱿鱼非常地道，很受欢迎。值得一提的是，餐厅的服务员很友好，而且非常幽默。

地址：Hydra Beach
网址：www.ostria-hydra.gr
电话：02298-054077

4 Rodi Restaurant

Rodi Restaurant餐厅周围环境比较安静，但是里面经常座无虚席，因此需要提前预订。这个餐厅更像是小酒馆的风格，而且菜式多样，每周会换一次菜单，从希腊传统菜式到奥地利菜式在这里都能品尝到。

地址：Hydra
电话：02298-029751

多待一天的购物

在萨罗尼克群岛购物，你有多种选择：伊兹拉岛上的艺术家们创作了各种各样的艺术作品，因此你可以去纪念品店里淘一些新奇有趣的小物件；萨罗尼克群岛物产丰富，在这里你可以买到各种新鲜的蔬果、海鲜；当然还有埃伊纳岛上最出名的特产——开心果。

1 Mourtzis Traditional Sweets & Pistachio

Mourtzis Traditional Sweets & Pistachio 是埃伊纳岛上出售开心果及地方风味小吃的大型店铺，这里开心果的种类和口味非常多。作为埃伊纳最有名的特产，开心果在岛上各处都能买到。这种开心果比我们平常吃的要小，而且都是自然裂开的，所以口感非常好。

地址：Panayioti. Irioti 57, Greece
电话：02297–027649

2 埃伊纳鱼市

埃伊纳鱼市（Fish Market）位于埃伊纳镇上，是一个比较小的市场。市场出售刚从海里打上来的海鲜和新鲜的水果、蔬菜，如果不知道怎么烹饪，渔民会耐心地向客人解释这些鱼的做法，很有生活气息。市场末端还有几家海鲜餐馆，在那里你能吃到实惠而美味的海鲜。

地址：Fish Market, Aegina Town

多待一天的娱乐

　　来到希腊旅游的人们，多半是为感受爱琴海的迷人魅力。对时间安排比较紧张的游客来说，萨罗尼克群岛可以说是最好的选择。这里除了传统的娱乐活动，还有散布在各小岛上的风格多样的海滩，如埃伊纳岛上的科罗纳海滩、伊兹拉岛上的岩石海滩、Mandraki海滩以及Kamini海滩等。

1 科罗纳海滩

　　科罗纳海滩（Kolona Beach）是埃伊纳岛上交通最为便利的海滩，就在埃伊纳港口附近。如果你的时间比较紧又想领略海滩风情，那么一定要来这里。你可以在清凉的海水中畅快游泳，也可以躺在海滩上慵懒地晒个日光浴，享受浓郁的沿海风情。

地址：埃伊纳港口附近
网址：出来港口后向左走约300米可到

2 Cinema Diana

　　Cinema Diana是波罗斯岛上的一家露天电影院，在一个宽阔的屋顶上，一般在盛夏的夜晚开放。这里经常上映经典英文电影，而且毗邻海湾，风景秀丽，你可以在凉爽的海风中一边喝着冰镇的啤酒，一边惬意地欣赏电影。

地址：Poros Beach, Greece
开放时间：7月中旬至8月底晚上

萨罗尼克群岛住行攻略

　　与爱琴海上其他热门岛屿相比，萨罗尼克群岛上的住宿和出行可能相对不那么方便，但也足以满足游客的基本需要。

在萨罗尼克群岛住宿

　　在萨罗尼克群岛的各主要旅游岛屿上都有各种类型的住宿地，不过相对来说埃伊纳岛上酒店最多，而在波罗斯岛和伊兹拉岛上相对较少。因为在波罗斯岛上不安排过夜，这里主要介绍埃伊纳岛和伊兹拉岛的住宿。

埃伊纳岛住宿

1 安吉拉酒店

　　安吉拉酒店（Angela Hotel）是埃伊纳岛中心的一家由家庭经营的酒店，周围环绕着松树和园景花园，环境比较安静。酒店客房提供空调、冰箱和电视，前台设有保险箱。酒店每天供应丰盛的自助早餐，提供汽车和自行车租赁服务，还为远足、潜水和钓鱼等活动提供协助。

地址：Main Street, Ag.Marina
网址：www.aegina.com.gr
参考价格：双人间35欧元起
电话：02297-032556

2 雷切尔酒店

　　雷切尔酒店（Rachel Hotel）位于埃伊纳岛中心，距离港口和最近的海滩都不到100米。酒店设有酒吧和咖啡厅，每天早晨提供自助早餐。酒店客房配有空调、免费无线网络和私人阳台。在此入住的客人去酒店开的商店购买礼品、纪念品等还能享受优惠。

地址：Kiriakou Galari Street 188, Agia Marina
网址：www.hotelrachel.com
参考价格：双人间65欧元起
电话：02297-032168

伊兹拉岛住宿

① 安杰利卡海卓酒店

安杰利卡海卓酒店（Angelica Hotel Hydra）坐落在伊兹拉中心地带的古老建筑内，设有带小型游泳池、热水浴池和桑拿浴室的庭院。酒店客房中设有空调、卫星电视、保险箱以及带有全套Korres化妆品的大理石浴室。酒店提供包括水果馅饼、当地糕点和鸡蛋等的自助早餐。

地址：43, Andrea Miaouli street, Hydra
网址：www.angelica.gr
参考价格：双人间90欧元起
电话：02298-053202

② Achilleas Pension

Achilleas Pension 酒店距离Hydra港口和岩石海滩都只有100米左右，地理位置十分优越。酒店内设华丽的庭院，这里提供免费无线网络。客房中配有卫星电视、冰箱以及私人浴室，有的客房中还配有设施齐全的小厨房。酒店每天在露台上供应欧陆式早餐，也可应要求在客房内供应。

地址：Hydra
网址：www.achilleaspension.gr
参考价格：双人间47欧元起
电话：02298-052050

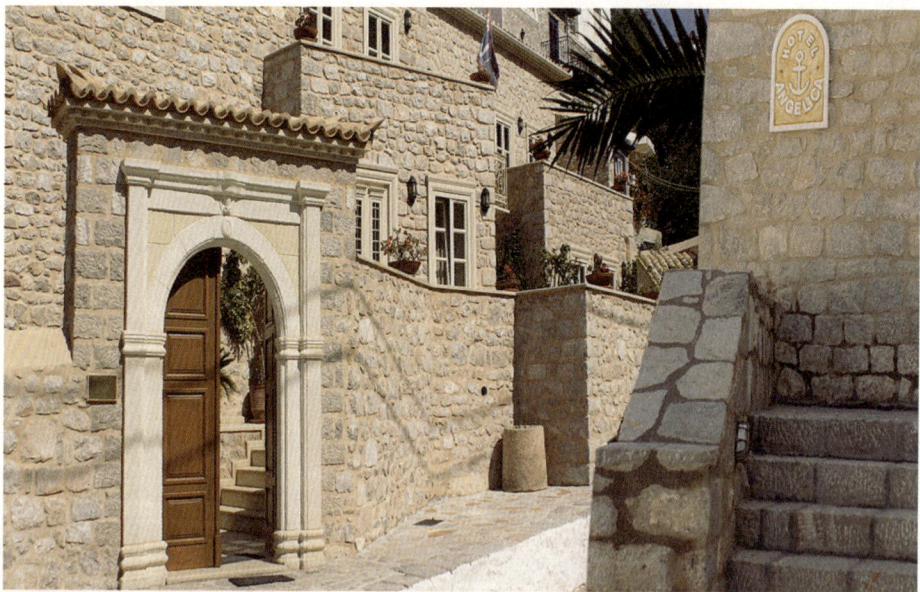

地区	名称	地址	电话	费用
埃伊纳岛	Mistral	Kastella – Souvala	02297-053858	双人间55欧元起
	Hotel Klonos	48,Kazantzaki Str.	02297-022640	双人间65欧元起
波罗斯岛	Maria Studios	Askeli，Poros	02298-023373	双人间60欧元起
	Panorama Apartments	Askeli Beach	02298-023411	双人间45欧元起
伊兹拉岛	Cotommatae Hydra 1810	Hydra, Idra	02298-053873	双人间110欧元起

萨罗尼克群岛其他住宿地推荐

在萨罗尼克群岛出行

萨罗尼克群岛各岛屿之间距离都相对较近，交通多采用轮船和快艇。在埃伊纳岛和波罗斯岛出行可以乘坐公交车，也可以租用自行车或者汽车；而在伊兹拉岛出行则主要靠船和驴为交通工具。

在埃伊纳岛出行

公交车

在埃伊纳市有到Agia Marina（约2欧元，30分钟左右可到）、Perdika（约1.5欧元，15分钟左右可到）和Souvala（约1.6欧元，20分钟左右可到）的公交车。发车时间可以在市中心的Ethnegersias广场的售票处查到，车票也需要在这里买。

租车

在埃伊纳市内可以找到许多租车的地方，在这些地方你可以租到汽车和摩托车，一般来说汽车的租金在每天40~50欧元，摩托车的租金大概为每天15~20欧元。

在波罗斯岛出行

公交车

岛上公交车从波罗斯的港口码头出发，途中经过卡拉夫里塔，直到Neorion海滩，费用约1.2欧元，全程用时15分钟。

租车

在波罗斯租车主要租用自行车或动力车，这些车子在去往卡拉夫里塔的路上可以租到。自行车的价格通常为8欧元每天，动力车价格在每天15~20欧元。

在伊兹拉岛出行

船和水上出租

旅游旺季时，有从伊兹拉市区开往岛上沙滩的小船和水上出租。如果乘坐水上出租，到达Kamini海滩费用约为10欧元，到达Vlyhos费用在13欧元左右。

驴

当地的另一特色交通工具是驴。当你从码头出来，会看到很多驴的主人等在码头四周。如果你使用驴将行李送到旅馆，费用一般在15欧元左右。

从萨罗尼克群岛至伯罗奔尼撒半岛

从萨罗尼克群岛至伯罗奔尼撒半岛有两种方式：一种是直接前往伯罗奔尼撒半岛；另一种是先从萨罗尼克群岛回到雅典，再从雅典前往伯罗奔尼撒半岛。

直接前往伯罗奔尼撒半岛

旅游旺季的时候，有从雅典发往纳夫普利翁的轮船，途经萨罗尼克群岛。这时你可以在伊兹拉岛乘坐前往纳夫普利翁的轮船到达这里，但是这种轮船班次较少，时间不够灵活。

经雅典前往伯罗奔尼撒半岛

雅典是希腊的交通枢纽，每天从这里发往各地的航班、轮船和汽车都很多。所以从雅典到萨罗尼克群岛和伯罗奔尼撒半岛的交通都很方便，即使从最远的伊兹拉到雅典也只有3小时的路程，从雅典到伯罗奔尼撒半岛有多种交通方式可以选择。所以你可以先回雅典，再从雅典坐汽车或火车到达伯罗奔尼撒半岛。

从雅典到达伯罗奔尼撒半岛

伯罗奔尼撒半岛到雅典只有40千米左右的距离。从雅典到伯罗奔尼撒半岛，可以乘坐火车，或乘坐更为方便的长途汽车，甚至还可以搭乘公交车。下面主要介绍从雅典到达距离雅典最近的旅游城市科林斯的交通方式。

从雅典到达科林斯的交通方式	
交通方式	具体信息
火车	雅典每天有很多辆列车前往科林斯，所需时间约为1.5小时。普通列车票价约为3欧元，城际列车费用在5.5欧元左右
长途汽车	雅典Kifissu汽车站有去往科林斯新城（离古科林斯景点不远）KTEL Korinths汽车站的车，大约45分钟一班
公交车	从雅典的基菲索公交站每隔30分钟至1小时就有一辆公交发往科林斯，单程票价约为7欧元，用时约1.5小时

到达伯罗奔尼撒半岛

伯罗奔尼撒半岛（Peloponissos）是雅典西南犹如一片桑叶形状的半岛，它北部的边缘是著名的科林斯运河。伯罗奔尼撒半岛以众多历史古迹著称，这里有神圣的庙宇、沧桑的宫殿、古老的城堡，动人的故事在这片土地上久久流传。这里还有着鬼斧神工般的自然面貌——峻秀的山峰、葱翠的峡谷、碧绿的海湾，这一切组成一幅波澜壮阔的风景画卷。

如何到市区

如果你打算直接前往伯罗奔尼撒半岛，最好将纳夫普利翁作为第一站；如果你打算先从萨罗尼克群岛回到雅典，再从雅典到达伯罗奔尼撒半岛，首先到达的地点会是岛上的科林斯。这里我们采取第一种方式，将纳夫普利翁作为第一站，所以主要介绍如何从纳夫普利翁港口到达市区。

纳夫普利翁港口（Harbour Nafpliou）就位于热闹的老城区附近，从码头出来后向东步行几百米就能看到当地著名的考古学博物馆。

伯罗奔尼撒半岛4日行程

伯罗奔尼撒半岛面积巨大，岛上遗迹众多，所以在这里安排了4天的时间，依次去纳夫普利翁、迈锡尼、科林斯以及埃皮达鲁斯。

Day 3 考古学博物馆→帕拉米蒂城堡→布尔奇岛

纳夫普利翁（Nafplio）是最受雅典人欢迎的周末度假胜地之一，这里有充满古典气息的窄街、优雅的威尼斯住宅以及阳台上缀满鲜花的新古典主义建筑，还有著名的艾批达夫罗斯古迹遗址，处处散发着复古而浪漫的味道。

伯罗奔尼撒半岛第1天行程		
交通方式	目的地	行程安排
10:00~12:00	考古学博物馆	上午可以先去参观考古学博物馆，这里收藏着许多陶器，值得一览
12:00~14:00	午餐	考古学博物馆在纳夫普利翁繁华的老城中心，如今这周边有许多餐馆、店铺，中午你可以在这里解决午餐
14:00~18:00	帕拉米蒂城堡	吃过午饭以后，你可以去参观帕拉米蒂城堡，这座城堡在很高的山岩上
18:00~19:00	布尔奇岛	傍晚的时候，你可以在港口乘坐小船，去欣赏布尔奇岛上的景色

布尔奇岛
（Bourtzi）

C

考古学博物馆
（Archaeological
Museum）

A

AB约3.4千米
乘车约5分钟

Miaouli

东道主酒店
Amphitryon Hotel

纳夫普利翁总医院
General Hospital
of Nafplio

BC约4.8千米，
乘车、船约8分钟

25is Martion

Kiprou

25is Martion

Averof

Amfitriti Palazzo酒店

Palamidiou

安斯米亚宾馆
Anthemion Hotel

帕拉米蒂城堡
（Palamidi Fortress）

B

Epar Od Nafpliou -Frouriou Palamidiou

▲ 伯罗奔尼撒半岛第1天行程路线示意图

考古学博物馆

　　考古学博物馆（Archaeological Museum）是纳夫普利翁最值得参观的博物馆之一。这座博物馆里收藏了许多从新石器时代到古典时期的陶器，其中有一些发现于迈锡尼和梯林斯。在这里你可以了解到这一地区悠久的历史和丰富的考古发现。

旅游资讯

地址：West side of Constitution Sq.,Nafplio

交通：从码头向东步行400米左右即可到达

开放时间：10:00～18:00

旅友点赞

　　考古学博物馆位于纳夫普利翁老城区中，这里曾是一座建于18世纪初的仓库，不过整体看起来也很美观。博物馆中收藏了大量的文物，要想仔细看完需要很多时间，其中有一个名为《迈锡尼的贵妇人》的壁画令人印象深刻。

中午在哪儿 吃

考古学博物馆在纳夫普利翁繁华的老城中心，如今周边有许多餐馆、店铺，中午的时候你可以在这里解决午餐。如果你喜爱甜食，还能去就近的甜品店品尝一下美味的冰激凌。

1 Arapakos Restaurant

Arapakos Restaurant 是一个家族餐厅，已经有了近40年的历史。餐厅主要提供传统的希腊美食，包括海鲜、肉类烧烤和面食等。

地址： Mpoumpoulinas 81,Nafplio
交通： 从考古学博物馆向北步行约200米可到
网址： www.arapakos.gr
电话： 02752-027675

2 Antica Gelateria di Roma

Antica Gelateria di Roma是老城区一家地道的意大利冰激凌店。据说意大利风味的冰激凌是全世界最好吃的冰激凌，你可以到这里来验证一下。

地址： 3 Pharmakopoulou and Komninou Nafplion
交通： 从考古学博物馆向西步行约100米可到
电话： 02752-023520

帕拉米蒂城堡

　　帕拉米蒂城堡（Palamidi Fortress）由威尼斯人建于18世纪初期，这座雄伟的建筑矗立在200多米高的山岩上，俯瞰着海面和城区的风景。城堡中有几座相互独立的堡垒，其中保存最好的是Agios Andreas堡垒，这里曾是守军司令的住所。

旅游资讯

地址：Palamidi Fortress Nafplio
交通：可从山丘前的公路上去（打车约7欧元），也可从汽车站东南出发通过台阶上去
网址：www.palamidi.gr
开放时间：夏季8:00～19:00，冬季8:00～15:00
电话：02752-028036

旅友点赞

　　这座城堡是一座杰出的军事工程，里面有很多堡垒，分布在不同的方位。如果你打算从汽车站东南出发通过台阶上去，要做好心理准备，那里台阶非常多，最好能够尽早出发，还要注意带上水，身体素质稍弱的话建议不要挑战。

晚上在哪儿玩

看过了高高的帕拉米蒂城堡，是否有些累了，不过没关系，傍晚的时候你可以在港口坐上小船，去看看布尔奇岛上的景色。

布尔奇岛

布尔奇岛（Bourtzi）是纳夫普利翁港口附近的小岛，距离纳夫普利翁非常近。旅游旺季的时候，有很多小船往来于小岛和港口之间。夜晚，小岛上灯光璀璨如白昼，可以清清楚楚地看到小岛整体的样子。

地址：纳夫普利翁港口附近
交通：在纳夫普利翁港口乘坐小型游览船可到

Day 4 迈锡尼考古博物馆→阿特柔斯宝库→迈锡尼古城

迈锡尼（Mycenae）就是《荷马史诗》中所颂扬的"遍地是黄金的迈锡尼"，这里曾一度被认为只是传说中虚构的城市，直到19世纪被希腊的一位考古学家发现，迈锡尼才得以重见天日。如今的迈锡尼被联合国教科文组织列入为《世界遗产名录》，也成为希腊著名的旅游景点。

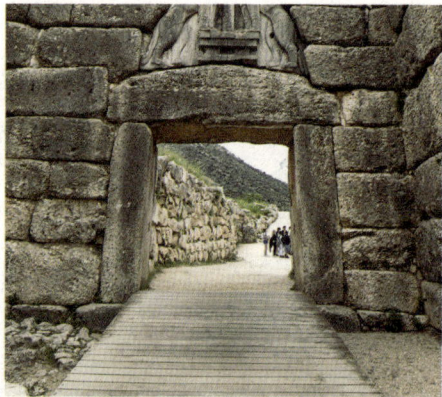

伯罗奔尼撒半岛第2天行程		
时间	目的地	行程安排
9:00~10:00	前往迈锡尼	上午可以前往迈锡尼，在纳夫普利翁乘坐公交车前往迈锡尼很方便，大概1个小时的时间就到了
10:00~12:00	迈锡尼考古博物馆	到达迈锡尼以后，可以先去迈锡尼考古博物馆，该馆有很多文物，武器、陶器和珠宝等都值得参观
12:00~14:00	午餐	古迈锡尼遗址附近比较荒芜，就近没有什么吃饭、住宿的地方，所以最好能够提前准备一些方便的食品。如果是驾车过来的话，可以去村中的酒店吃一顿安稳的午饭
14:00~15:00	阿特柔斯宝库	吃完午饭以后，可以去参观阿特柔斯宝库。其实这就是一个墓地，但是它有着3000多年的历史，值得一览
15:00~17:00	迈锡尼古城	接下来可以去迈锡尼城堡，这座城堡气势恢宏，很有看点，实在不容错过
17:00~19:00	前往科林斯	迈锡尼主要以迈锡尼古迹而闻名，娱乐设施比较少。游览完迈锡尼城堡以后，不妨乘车前往科林斯

迈锡尼考古博物馆
（Mycenae Archaeological Museum）

迈锡尼古城
（Mycenae）

Ταφικὸς
περίβολος Α'

BC约0.5千米，
步行约6分钟

AB约2.4千米，
乘车约5分钟

阿特柔斯宝库
（Treasury of Atreus）

▲ 伯罗奔尼撒半岛第2天行程路线示意图

迈锡尼考古博物馆

　　迈锡尼考古博物馆（Mycenae Archaeological Museum）主要展出在迈锡尼遗址中出土的文物，这些珍贵的文物包括武器、陶器和珠宝等，而且馆中配有详尽的英文解说，可以帮助你更好地了解迈锡尼文明。

旅游资讯

地址：Mycenae Archaeological Museum，Mycenae

交通：从迈锡尼城堡狮子门向东北方向走约200米即到

电话：02751-076585

★★ 旅友点赞

　　在你进入迈锡尼古城之前，最好先去迈锡尼考古博物馆参观一下。这里收藏了很多从古城中出土的文物，其中有一种陶片上刻着早期的线形文字，显示了当时高度发达的文明。这里还展出了曾被认为是"阿伽门农的黄金面具"，不过这里收藏的只是摹本，真正出土文物保存在雅典考古博物馆中。

中午在哪儿 吃

古迈锡尼遗址附近比较荒芜，就近没有什么吃饭住宿的地方。最近的也要在2千米外的迈锡尼村，所以最好能够提前准备一些方便的食品。不过如果是驾车过来的，也可以返回村中的餐厅吃一顿安稳的午饭。

1 La Petite Planete

La Petite Planete是遗址附近的一家酒店，这里不仅提供住宿，也提供美食。这里主要提供希腊传统美食，而且食材多是店主亲自种植的，新鲜自然。

地址：Ir.Tsounda Street,Chr.Tsountas,Mycenae
网址：www. petite–planet.gr
电话：02751–076240

阿特柔斯宝库

阿特柔斯宝库（Treasury of Atreus）是迈锡尼城堡附近的众多墓地之一，这座墓地历经3000多年仍保存完好。墓室用三角形石块筑成，整体墓室呈蜂窝型，非常坚固。这种典型的"蜂巢型墓地"显示了古迈锡尼文明高超的建筑能力。

旅游资讯

地址：Treasury of Atreus Mycenae
交通：从迈锡尼城堡向南步行约500米可到

★★ 旅友点赞

阿特柔斯宝库有一条约40米长的通道通向其中，看起来有些类似于通往埃及金字塔的通道。阿特柔斯宝库中其实没有多少价值连城的文物，这里最值得看的是这种"蜂巢型"的建筑类型。

迈锡尼古城

迈锡尼古城（Mycenae）面积巨大，气势恢宏，内有宫殿和墓穴等建筑。城堡正门上方的三角巨石上雕有一对石狮，据称这是人类历史上第一次使用石狮浮雕做门饰，这座狮子之门也被看作是迈锡尼的象征。卫城中的墓穴历史悠久，这里出土了许多珍贵的宝物，包括著名的"阿伽门农的黄金面具"等。

旅游资讯

地址：Agios Ilias山和Zara山的山麓上
交通：从纳夫普利翁搭程汽车前往，大约1小时可到，票价2.15欧元
票价：8欧元，含博物馆门票
开放时间：周一12:00～19:30，周二至周日8:00～19:30

★★★
旅友点赞

迈锡尼古城建立在山丘上，路也比较难找，而且遗址面积很大，所以一定要准备一双舒适而便捷的鞋子。如果天气比较炎热，还需要准备防晒霜、遮阳伞等防晒用品，因为这里完全没有遮阴的地方。

晚上在哪儿玩

迈锡尼主要以迈锡尼古迹而闻名，除了迈锡尼古城，周边没有什么其他的景点，娱乐设施也比较少。所以当你游完迈锡尼城堡，可以直接乘车前往科林斯。

Day 5 古科林斯遗址→科林斯运河

科林斯（Corinth）是希腊本土和伯罗奔尼撒半岛的连接点，是古代兵家必争之地。科林斯分为旧科林斯和新科林斯，新科林斯即现在的科林斯市，古代城市科林斯则被称为旧科林斯。这里的景点除了古科林斯遗址，还有景色壮丽的科林斯运河。

伯罗奔尼撒半岛第3天行程		
时间	目的地	行程安排
10:00~12:00	古科林斯遗址	上午可以去参观古科林斯遗址，它是有着悠久历史的建筑群，不容错过
12:00~14:00	午餐	逛完古科林斯遗址，你可以先回到新科林斯，在城中找个餐厅吃个午饭，休息一下之后再乘车前往科林斯运河
14:00~19:00	科林斯运河	吃过午饭以后，你可以去科林斯运河游览，这条运河的长度超过6千米，它的壮丽景象值得一览
19:00~20:30	水手餐厅	科林斯的夜生活比较单调，傍晚不妨到水手餐厅吃饭。在露台上享受美食的同时，你还可以欣赏风景

▲ 伯罗奔尼撒半岛第3天行程路线示意图

古科林斯遗址

古科林斯遗址（Ancient Corinth）中的许多建筑都可以追溯到罗马时代，是一片有着悠久历史的建筑群。遗址中有大约建于公元前5世纪的阿波罗神庙、收藏有众多文物的遗址博物馆，附近还有巨大的科林斯卫城，显示了这座古代著名城市曾经的风光。

阿波罗神庙

这里的阿波罗神庙（Temple of Apollo）大约建于公元前5世纪，是希腊现存的最古老的神庙之一。神庙中现存7根多利安式的石柱，据说是由一块石头制造的。神庙前面有一个巨大的广场，广场的东端是凯憾堂，北边是有着古老传说的低皮莱内喷泉，至今还有泉水喷涌。

新博物馆

在广场的西侧，有一座博物馆，这里收藏了许多在古科林斯遗址中出土的文物，包括精致的希腊式、罗马式的雕塑，还有一些漂亮的马赛克、小雕像等古代工艺品。

旅游资讯

地址：位于古科林斯中心

交通：在新科斯林的公园前可乘坐前往这里的巴士，用时约20分钟，票价约1欧元，每隔1小时左右1班车

旅友点赞

古科林斯遗址中有许多值得驻足的景点，除了阿波罗神庙和博物馆，你还可以去入口左侧看看罗马时代的厕所，那些精巧的设计说明了当时的高度发达的文明。关于遗迹中的低皮莱内喷泉有一个古老的传说，说是皮莱内的儿子被阿尔特弥斯杀死之后，她痛不欲生，整日流泪，最终泪水融化了她的身体，变成了一汪清泉。

Tips

如果你逛完这里之后还不太累，可以去遗迹西南侧的科林斯卫城（Acrocorinth）看看，不过交通不是那么方便，需要步行前往。

中午在哪儿
吃

逛完古科林斯遗址，估计你也有些疲惫了。这时你可以先回到新科林斯，在城中找个餐厅吃个午饭，休息一下之后再乘车前往科林斯运河。

Deipnosofistes

Deipnosofistes是新科林斯城中一家比较大型的餐厅，这里绿树环绕，环境优美，是典型的希腊风格的餐厅。餐厅提供各种各样新鲜的果蔬、可口的甜点以及世界各地的风味美食。

地址：Patron 62,Corinth
电话：02741-084386

科林斯运河

科林斯运河（Corinth Canal）长6.3千米，宽25米，河岸高出水面80多米，景象非常壮观。自公元前7世纪起，统治这一地区的君主就想开凿一条运河，以连接伊奥尼亚和爱琴海。直到76年，尼禄才真正地开始了开凿运河。后来这一巨大工程因战争而中断，等到真正完成，已经进入19世纪。

旅游资讯

地址：Corinth Canal
交通：可在新科林斯乘坐Loutraki汽车到运河大桥

旅友点赞

科林斯运河是在坚硬的岩石上开凿而成的，很难想象完成这一巨大工程是怎样的工作量。不过从现在看，如此巨大的付出也是值得的。运河使得比雷埃夫斯成为了地中海上的主要港口，而且运河两边是断崖，从岸上望去，下面是一汪碧水，景色绝美，令人震撼。

晚上在哪儿 玩

科林斯的夜生活比较单调，没有多少可以供人放松娱乐的地方。你不妨找个当地的餐厅，在视野开阔的露台上静静欣赏科林斯的落日景象。

水手餐厅

水手餐厅（Marinos Restaurant）是科林斯城中一家餐厅，这里提供希腊传统美食，如西葫芦饼、沙拉、烤肉、海鲜等。餐厅的服务非常贴心，菜单配有图片和英文，以方便各地游客。餐厅中有着宽敞的屋顶露台，可以在这里边享用美食边欣赏落日。

地址：Ancient Corinth
交通：www.marinos-restaurant.gr
电话：02741-031130

Day 6 阿斯克勒庇俄斯神庙→埃皮达鲁斯博物馆→埃皮达鲁斯剧场

埃皮达鲁斯（Epidavros）是古希腊神话中医药神阿斯克勒庇俄斯的圣地，古代的人们常常长途跋涉到这里来求医问药；这里还是"古代戏剧的麦加"，每到一年一度的"埃皮达鲁斯节"，这里的古代剧场都会上演古典戏剧。在这座城市中，你会看到很多跟这两个标签有关的建筑。

伯罗奔尼撒半岛第4天行程		
时间	目的地	行程安排
10:00~12:00	阿斯克勒庇俄斯神庙	上午可以先去参观阿斯克勒庇俄斯神庙，这座神庙是在公元前5世纪修建的，历史悠久，不容错过
12:00~14:00	午餐	埃皮达鲁斯遗迹附近人烟稀少，很难找到吃饭的地方，所以最好的方式是提前准备好，携带食品前往。如果实在吃不惯方便食品，就要多走点路，去山下的酒店中吃些东西
14:00~18:00	埃皮达鲁斯博物馆	吃饱以后，可以去参观埃皮达鲁斯博物馆，该馆收藏了许多文物，有大理石廊柱、雕像等
18:00~21:00	埃皮达鲁斯剧场	接下来不妨去埃皮达鲁斯剧场看表演，在7、8月的时候，这个剧场会不定期上演各种戏剧

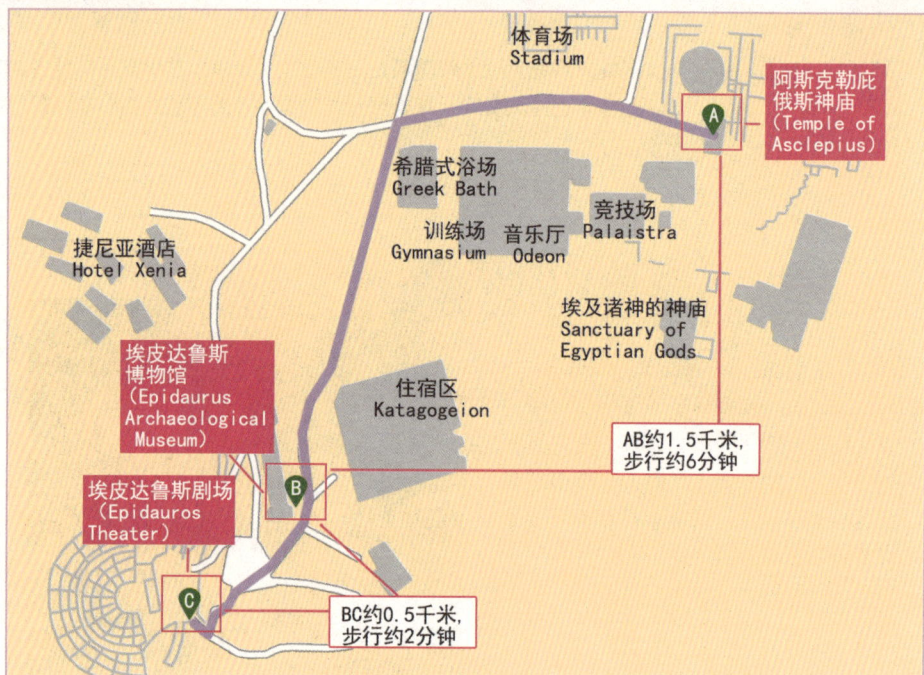

体育场
Stadium

阿斯克勒庇俄斯神庙
（Temple of Asclepius）

A

希腊式浴场
Greek Bath

训练场　音乐厅　竞技场
Gymnasium　Odeon　Palaistra

捷尼亚酒店
Hotel Xenia

埃及诸神的神庙
Sanctuary of Egyptian Gods

埃皮达鲁斯博物馆
（Epidaurus Archaeological Museum）

住宿区
Katagogeion

AB约1.5千米，
步行约6分钟

埃皮达鲁斯剧场
（Epidauros Theater）

B

C

BC约0.5千米，
步行约2分钟

▲ 伯罗奔尼撒半岛第4天行程路线示意图

阿斯克勒庇俄斯神庙

阿斯克勒庇俄斯神庙（Temple of Asclepius）位于埃皮达鲁斯遗迹中，这是公元前5世纪为祭祀医药神阿斯克勒庇俄斯而修建的建筑。神庙中曾有用黄金与象牙雕塑成的巨大神像以及其他雕塑品，现在神庙只剩下一个正方形的基座了。在神庙周围，还有被称为"圣之假眠所"的诊所以及圆形圣庙，也值得一看。

旅游资讯

地址：埃皮达鲁斯遗迹中

票价：4欧元

开放时间：夏季8:00～19:00；冬季8:00～15:00

旅友点赞

　　古希腊人对阿斯克勒庇俄斯非常崇拜，各地都建有他的神庙，但这里是阿斯克勒庇俄斯最著名的神庙之一。在全盛时期，埃皮达鲁斯声名远播，不少人不远万里前来求一剂良药，当时的病人往往会在这里住上几天，接受沐浴、谈话、催眠、按摩、草药等治疗。

中午在哪儿 吃

埃皮达鲁斯遗迹位于山谷之间，附近人烟稀少，很难找到吃饭的地方，所以最好的方式是提前准备好，携带食品前往。如果实在吃不惯方便食品，就要多走点路，去山下的酒店中吃些东西。

Avaton

Avaton 其实是一家酒店，主要招待前来埃皮达鲁斯遗迹的游客。这里有停车位，还提供巴士前往埃皮达鲁斯遗迹。餐厅也提供简单的食物。

地址：Nafpliou – Kranidiou Ave.Lygourion–Epidavros
网址：www.avaton.com.gr
电话：02753–022178

埃皮达鲁斯博物馆

埃皮达鲁斯博物馆（Epidaurus Archaeological Museum）主要收藏了在遗址中发现的众多文物，其中有保存比较完整的大理石廊柱、雕像等，还有一些医用器具，如镊子、针等。阿斯克勒庇俄斯雕像的手中所持的木杖上雕有一条神蛇，据说是医药神的使者。

旅游资讯

地址：Asklepieion,Epidavros
交通：从阿斯克勒庇俄斯神庙向南走即可
电话：02753–022009

旅友点赞

埃皮达鲁斯博物馆规模不大，看起来也比较简陋，但是里面的藏品非常丰富。在阿斯克勒庇俄斯的雕像上能发现一条蛇，有人说这是医药神的使者，有人说以蛇蜕皮比喻新生，总之，蛇在古代希腊人心中享有很高的地位。

晚上在哪儿

玩

如果你在7、8月间到了埃皮达鲁斯，可能会赶上这里的"埃皮达鲁斯节"，届时埃皮达鲁斯剧场会不定期上演各种戏剧，如果正好碰上有戏剧上演，一定不要错过。

埃皮达鲁斯剧场

埃皮达鲁斯剧场（Epidauros Theater）是埃皮达鲁斯遗址当中保存最完整的古代遗迹。这座建于公元前4世纪的剧场依山而建，整体呈半圆形，座位依次升高，最多可容纳1.5万余人。这里的音响效果惊人的好，即使在最上面的座位也能听到舞台上的声音。埃皮达鲁斯节期间，这里会上演各种现代戏剧和古希腊戏剧。

地址：Palale.Epidavros,Argolis,Peloponnese
门票：遗迹免费参观，不同剧目收费不同

如果多待一天

伯罗奔尼撒半岛面积广阔，旅游城市众多，即使是4天的时间也不能将岛上的各旅游城市一一游遍。所以，如果时间不是那么紧张，可以在这里多安排一天的游览时间。

多待一天 的游玩

　　即使看过了那么多遗迹，依然对这个古老半岛恋恋不舍。如果多待一天，可以去奥林匹克的诞生地——奥林匹亚看看。

奥林匹亚

　　奥林匹亚（Olympia）作为奥林匹克运动的发源地闻名于世，这里曾经是古代希腊的一座城池。奥林匹亚遗址位于奥林匹亚城以南约800米处，遗迹内运动场、宙斯神庙、赫拉神庙以及体育场等古迹众多，这里还有婆娑的橄榄树、桂树和柏树等与历史遗迹交相辉映。

赫拉神庙

　　赫拉神庙（Heraion of Argos）建于公元前7世纪左右，里面供奉有天后赫拉的神像。赫拉神庙总体瘦长，是希腊最早的多立克式神庙之一。自神庙于公元4世纪初毁于一场地震之后，一直未被重建，不过现在神庙的祭坛已经成为现代奥林匹克大会举行圣火点燃仪式的地点。

宙斯神庙

　　奥林匹亚遗迹的中心就是雄伟的宙斯神庙（Temple of Zeus），这座神庙建于公元5世纪，是一座多立克式的建筑。神庙中曾有一座高达12米多的宙斯像，据说全身镶满了黄金和象牙，非常震撼。不过，6世纪的一场地震摧毁了神庙，基墙以上的建筑全部倒塌，人们现在只能在断壁残垣中想象当时壮观的景象。

> 地址：奥林匹亚城以南约800米处
> 网址：从奥林匹亚城中沿普拉克西特鲁斯·孔蒂里街向南步行约10分钟可到
> 开放时间：4月~10月8:00~19:30，11月至次年3月8:30~15:00

多待一天的美食

伯罗奔尼撒半岛旅游城市比较分散，但在各个城市中，餐馆分布一般比较集中。比如在纳夫普利翁，你可以去老城的街上看看，那里聚集了几十家餐馆；在科林斯的话，你可以在Pilarinou沿线发现几家不错的咖啡馆；如果在奥林匹亚就餐，则需要去距古奥林匹亚2千米的Miraka小村或1.5千米的Floka村。这里的餐馆以希腊当地菜为主，其他国家的菜肴比较少见。

1 O Pseiras Taverna

O Pseiras Taverna位于纳夫普利翁市区之外，可能比较难找，所以你要看清地图再过来。这是一家舒适而友好的餐厅，提供地道的希腊美食，这里的羊肉非常美味。

地址：6 Porou Street, Nafplio
网址：www.pseiras.gr
电话：02752-024117

2 Pergamonto

Pergamonto是纳夫普利翁非常受欢迎的甜品店，这里的自制甜品种类繁多，新鲜快速，味道香甜可口，服务也十分热情。

地址：Farmakopoulon 2, Nafplio
电话：02752-024570

3 Kolizeras Restaurant

Kolizeras Restaurant是一家著名的英式餐厅，餐厅周围种满了橄榄树和桔子树，内部装饰也非常漂亮。在这里可以吃到正宗的英式美食，如炸鱼、薯条等，饮料也不贵。餐厅距离迈锡尼古迹不远，比较适合来迈锡尼古迹游玩的游客。

地址：Mykines 21200
网址：www.kolizeras.gr
电话：02751-076315

4 Tavern Kondilis

Tavern Kondilis位于从新科林斯到科林斯遗址的途中，既是酒店也是餐厅。这里的菜肴分量十足，均由新鲜果蔬烹饪。服务人员态度友好，店主可以讲英语。

地址：Ancient Corinthos, Corinth
网址：www.tassos-rooms.com
电话：02741-031225

多待一天的购物

其实，到伯罗奔尼撒的游客多是为了这里的文物古迹而来，所以这里没有太多的大型购物场所，但有不少出售各种纪念品和手工艺品的小店铺，可以满足你的购物需求。

1 Karonis Distillery

Karonis是一个家族经营的酒厂，已经有近140年的历史。这里出售种类繁多，味道醇香的希腊酒，如茴香烈酒和樱桃利口酒等。在Karonis你还可以参观酒厂和这里的博物馆。

地址：25is Martiou 25, Nafplio
网址：www.karonis.gr
电话：02752-024968

2 Museio Komboloyiou

Museio Komboloyiou虽然名为博物馆，但是跟国内一些有名的寺庙旁的商店一样，这里也出售一些有关希腊神话、宗教方面的祈福饰品，如忧念珠、凶眼和护身符等。

地址：Staikopoulou 25, Nafplio
网址：www.komboloi.gr
电话：02752-021618

多待一天 的娱乐

作为一个历史悠久的地区，伯罗奔尼撒半岛的娱乐方式也充满了独特的历史气息，这里的酒吧和俱乐部比较少，当地比较有特色的娱乐活动是看露天的音乐和戏剧表演。如果跟孩子一块出行，你也可以带孩子去科林斯的水上乐园玩玩。

1 古典音乐节

纳夫普利翁每年都会在Palamidi城堡举行声势浩大的古典音乐节。届时，夜晚的城堡灯光闪烁，如夜空繁星，耳边徐徐传来动听的音乐，令人不禁忘却身在何处，心也随音乐飘向远方。

地址：纳夫普利翁Palamidi城堡
时间：每年5月末至7月间

2 埃皮达鲁斯节

埃皮达鲁斯节也叫"希腊节"，是每年7、8月间在埃皮达鲁斯剧场举办的戏剧节，主要上演现代戏剧和古希腊戏剧。埃皮达鲁斯剧场的音响效果非常好，即使在最上面的座位也能听到舞台上的声音。

地址：埃皮达鲁斯剧场
时间：每年7、8月间

3 水上乐园

科林斯的水上乐园（Water Fun）是一个比较适合亲子游的地方，这里既有儿童泳池、小滑梯，还有成人泳池。当你玩累了，这里还有日光浴床、咖啡厅供你休息。

地址：Old National Road Athinon–Korinthou, Corinth
网址：www.waterfun.gr
电话：02741–081400

伯罗奔尼撒半岛住行攻略

虽然伯罗奔尼撒半岛土地宽广，景色优美，但发展程度总体不如雅典、爱琴海诸岛，所以在住宿、出行方面也不如那些热门景点来得方便。因而在旅游旺季时一定要记得提前预订酒店，提早了解当地出行信息。

在伯罗奔尼撒半岛住宿

伯罗奔尼撒半岛上各旅游城市都有不同类型的住宿地供你选择。不过通常来说，纳夫普利翁的住宿条件相对来好一些，中高档酒店比较多；科林斯的一大特色是民宿，在景点附近的小村子里，有许多打出广告出租房屋的民宅，这样的民宿价格相对低一些；另外，各地都有用帐篷搭建的露营地，一般几欧元一晚，如果喜欢露营的话，可以选择租一个帐篷近距离感受希腊的夜晚。

纳夫普利翁住宿

1 阿玛里纳弗皮里欧酒店

阿玛里纳弗皮里欧酒店（Amalia Nafplio）位于纳夫普利翁市郊，这是一座新古典主义的建筑。酒店设有大型游泳池和餐厅，主餐厅位于花园旁，这里提供美式自助早餐和午餐，晚餐则供应希腊和地中海风味的美食。客房以现代化风格装饰，配有空调、卫星电视和有线网络连接。

地址：Argous Street,Nafplio
网址：www.amaliahotelnafplio.gr
参考价格：普通双人间85欧元
电话：02752-024400

2 佩西恩达芬尼酒店

佩西恩达芬尼酒店（Pension Dafni）坐落在纳夫普利翁老城区，附近设有多家酒吧和餐厅。酒店设有免费无线网络，可应要求提供笔记本电脑。所有的空调客房都设有电视和冰箱，部分客房还配有阳台或者小厨房。酒店内还有小吃店，你可以在这里享用咖啡、茶点或便餐，也可以购买当地特产。

地址：Fotomara, Nauplio
网址：www.pensiondafni.gr
参考价格：单人间45欧元起，双人间50欧元起
电话：02752-029856

迈锡尼住宿

🔲 Camping Atreus

Camping Atreus 是迈锡尼遗址附近的一个露营地，这里设施完备，树木茂盛，很贴近大自然。而且老板会讲英语，沟通起来比较方便。

地址：Argos Mykines
参考价格：露营地约7欧元/人，帐篷约4欧元/人
电话：02751-076735

科林斯住宿

🔲 埃菲拉酒店

埃菲拉酒店（Ephira Hotel）位于科林斯市中心，距离古科林斯遗址有10分钟车程。酒店附近设有免费停车场，酒店内有一间酒吧和一个户外休息区。客房内配备了卫星电视、免费无线网路、空调、冰箱以及带淋浴的私人浴室。

地址：52, Ethnikis Antistaseos street，Corinth
网址：www.ephirahotel.gr
参考价格：单人间45欧元起，双人间50欧元起
电话：02109-236760

埃皮达鲁斯住宿

🔲 Aristotelis 酒店

Aristotelis酒店靠近埃皮达鲁斯遗迹，酒店内设有一家餐厅、酒吧、游泳池和私人停车场。酒店客房都设有能欣赏海景的宽敞阳台，客房内有迷你吧、吹风机和保险箱。酒店还提供适合残疾人士使用的客房。

地址：Nikolaou Pitidi，Acient Epidavros
网址：www. hotel-aristotelis.gr
参考价格：双人间45欧元起

伯罗奔尼撒半岛其他住宿地推荐

地区	名称	地址	电话	费用
纳夫普利翁	Hotel Ippoliti	Ilia Miniati	02752-096088	双人间100欧元起
	Deves Hotel	50 Argous Street	02752-023231	单人间45欧元起，双人间60欧元起
科林斯	Jo Marinis Rooms	Enotiki Archeas Korinthos	02741-031481	单人间45欧元起，双人间55欧元起
埃皮达鲁斯	Heleni Apartments	Gialasi,Palaia Epidavrous	02753-041864	单人间50欧元起，双人间70欧元起

在伯罗奔尼撒半岛出行

伯罗奔尼撒半岛城市比较分散，而且古迹距离市中心都比较远，所以到这里来的游客选择租车自驾的比较多。不过各城市之间也有大巴或者火车运营，淡旺季时刻表可能有所不同，要注意提前了解。另外，在距离较近的景点之间你也可以选择乘坐出租车。以下是伯罗奔尼撒半岛各主要旅游城市的交通方式：

伯罗奔尼撒半岛各主要旅游城市交通

城市	交通方式	详情
纳夫普利翁	长途汽车	纳夫普利翁的KTEL Argolis汽车站每天都有开往雅典的车，途中会经过科林斯、阿尔戈斯、Tolo、埃皮达鲁斯，周末班次可能会减少
	租车	租车在纳夫普利翁是一种很普遍的旅游出行方式，Avis（www.carrental-greece.gr）、Stakos Tours (www.staikostravel.gr)等租车公司在纳夫普利翁都有门店
迈锡尼	长途汽车	纳夫普利翁和阿尔戈斯每天都有3班长途汽车开往迈锡尼，汽车一般在迈锡尼古遗址旁边停靠
科林斯	长途汽车	从新科林斯到古科林斯，每小时有一班车，车程20分钟，费用约1.5欧元；从新科林斯到科林斯运河，可乘Loutraki汽车到运河大桥
	火车	在科林斯运河边的长途汽车站，有开往伯罗奔尼撒半岛上的许多地方的长途车
埃皮达鲁斯	长途汽车	科林斯每天有多列火车开往Diakofto、帕特拉和皮尔戈斯，如果去奥林匹亚一般要在帕特拉换乘本地列车
奥林匹亚	长途汽车	从纳夫普利翁来的汽车每天有4班，用时约50分钟；如果从埃皮达鲁斯去雅典，可以去附近的Ligourio乘坐长途汽车
	火车	奥林匹亚发出的汽车多经过皮尔戈斯，在那里可以转车去往希腊各地；如果打算向东出发，可以乘车先到特里波利再转车。车票要注意在小KTEL Arkadia提前买好
		奥林匹亚到其他地方需从皮尔戈斯中转，从这里到皮尔戈斯每天有5班列车，车程30分钟，费用约1欧元

时间改变

如果你的时间比较充足，想要在这里多待几天，你可以去伊奥尼亚群岛中的第二大岛屿——科孚岛（Corfu Ialand）游玩一天。科孚岛上到处都是郁郁葱葱的树木，周边围绕着许多富有风情的海滩，岛上还有奥地利女皇伊丽莎白的行宫——阿喀琉斯宫。

**去科孚岛
玩1天**

科孚岛镇

科孚岛镇（Corfu Town）本身就是一处风光旖旎的风景。小镇分为新镇和古镇，尤其是古镇更值得一游。这里的建筑、文化和生活古典与现代交汇，外国风情与本土特色融合。在这里，你似乎能发现意大利、英国和法国小镇的痕迹。镇上最显眼的建筑是新旧两座城堡，漫步在城堡中，恍惚中就像坐上了时光机回到了古代。

旧城堡

旧城堡是坐落在科孚镇东端的海岬上的一座拜占庭式的建筑，与科孚岛古镇有一桥之隔。这里曾是拜占庭帝国的防御要塞，当时的人们凭借其坚固的城墙曾多次粉碎敌人的进攻。站在城堡的顶端，整个科孚古城和海上美景一览无余。

旅游资讯

地址：Paleo Enetiko Frourio,Corfu, Greece

交通：在机场附近的主路上乘坐6、10路公交车可到

旅友点赞

科孚古镇中有着古代希腊和罗马帝国时期的遗迹、拜占庭帝国的古老建筑、威尼斯式的房屋、文艺复兴风格的建筑、法国拱廊、英国式的公共建筑等，令人应接不暇。小镇上还有众多类型多样的博物馆，足以让你花一个上午的时间好好逛逛。

阿喀琉斯宫

阿喀琉斯宫（The Ahillion Palace）位于科孚岛镇的南部，是一座建于19世纪的新古典主义建筑，这座瑰丽无比的宫廷式建筑是由意大利建筑师设计。在19世纪80年代，这里作为奥地利女皇伊丽莎白的行宫。宫外有景色优美的花园，宫内陈设着许多精美无比的雕塑、油画，令人流连忘返。

旅游资讯

地址：Ahillion Palace Corfu

交通：在科孚岛镇沿海公路向南的岔路沿路标走即到

票价：8欧元

开放时间：夏天8:00～19:00，冬天8:30～15:00

旅友点赞

这是一座为纪念阿喀琉斯而建造的宫殿，因此在窗口还能看到描绘着阿喀琉斯的壁画。另外，宫中还摆放着许多希腊神话中的其他神像和精美的油画，如二楼阳台上摆放的是优雅的9位缪斯女神的雕像，客厅里有意大利著名画家卡罗比的油画《四季》和《时间》。

西海岸

在科孚岛的西海岸，这里有着岛上最迷人、最美丽的景色：深受欢迎的城镇Paleokastritsa悬崖高耸，洞穴深藏，溪流潺潺，树木参天；Agios Gordios有长长的沙滩，柔软舒适的沙子和休闲自在的海边风光吸引了无数游人；Grava Gardikiou避风山岩历史悠久，最早可追溯到旧石器时代后期。

旅游资讯

地址：Corfu, Paleokastritsa, Kerkira, Hellas

Tips

科孚岛很适合水上运动，你可以在当地租辆游艇出游。如果对潜水感兴趣，可以去Kassiopi、Ipsos、Gouvia、Agios Giorgios等地，那里的水清澈见底，很适合潜水。

旅友点赞

在西海岸，无论你喜欢什么，都能找到你感兴趣的地方。如果你喜欢刺激，就去Paleokastritsa的洞穴中探险；如果你喜欢悠闲时光，就去Agios Gordios沙滩上晒太阳；如果你喜欢历史，就去Grava Gardikiou避风山岩观察岁月留下的痕迹。

时间缩短

如果你的时间不是那么宽裕，只有5天或者更少的时间在这一带游玩，那么你可以不去萨罗尼克群岛，而去伯罗奔尼撒半岛附近的另一个岛屿——被威尼斯人称作"东方之花"的扎金索斯岛（Zakynthos Island）——游玩一天。这座岛上有许多柔软美丽的沙滩、茂盛浓密的森林和清凉而澄澈的泉水。

去扎金索斯岛玩1天

扎金索斯镇

扎金索斯镇（Zakynthos Town）是整个扎金索斯岛的中心，充满了浓郁的希腊风情。扎金索斯镇集聚了岛上众多的著名建筑，包括拜占庭博物馆、索罗莫斯博物馆、狄奥尼修斯教堂和荒废的威尼斯城堡等。美丽的自然风光再加上迷人的人文景观，自然引得游人纷至沓来。

旅游资讯

地址：Zakynthos Town, Hellas

交通：从机场乘坐出租车到扎金索斯镇费用约10欧元

★★★ 旅友点赞

你可能想不到，景色秀丽的扎金索斯竟然也是美食的天堂。在这里，不要小看任何一家小餐馆，说不定就在这样一家不起眼的小小餐馆中，也能烹饪出让人惊叹的美食。所以，寻找美食也成了探索扎金索斯岛的有趣的方式之一。

沉船湾

沉船湾（Navagio Bay）在以前的时候，经常有往来的船只沉没，故而得名。不过，现在的沉船湾已经成为扎金索斯最著名的景点之一。这里有陡峭的悬崖、澄澈的海水、洁白的沙滩，令人陶醉不已。在沉船湾附近还有一个"蓝洞"（Blue Caves），在这里，岩石、海藻和阳光得到了完美的结合，使得洞内所有的物体都呈现出透明的蓝色。

旅游资讯

地址：岛屿的西北部

交通：可乘坐从扎金索斯镇到这里的环岛轮船

★★ 旅友点赞

在每一本扎金索斯的旅游宣传册上，几乎都有沉船湾的风景图片，由此可见这个景点的美丽程度。在辽阔的沙滩上，洁白的细沙反射着太阳的光芒，与清澈的海水、蔚蓝的天空交相辉映，组成一幅悠闲浪漫的画卷。

专题 在希腊神话中畅游希腊

到希腊游玩，就不得不接触到希腊神话。希腊神话似乎是最具人情味儿的神话，这里的英雄不会总是战无不胜，这里的众神也并非完美无瑕，他们也会嫉妒，会攀比，会争吵，有着跟人类一样的小缺点。这些个性鲜明的希腊神话人物与希腊的遗迹景点有着不可分割的关联。

希腊神话中相关人物

宙斯

宙斯（Zeus）是第三代众神之王，掌握雷电，手持雷霆和埃癸斯的神盾。在母亲瑞亚的支持下，杀了父亲克洛诺斯，成为第三代神王。宙斯常背着妻子追求其他女神和凡间美丽的女子，因此有许多私生子。他掌管着人间所有事物，拥有至高无上的地位，在希腊各处都能看到宙斯的神庙。

宙斯相关轶事

宙斯的诞生：宙斯的父亲是第二代众神之王克洛诺斯，他的母亲是掌管岁月流逝的女神瑞亚。宙斯有许多哥哥姐姐，但他们一出生就被克洛诺斯吃掉。当瑞亚生下宙斯时，她决心保护这个小生命，骗克洛诺斯吞下了她用布包住的一块石头。躲过一劫的宙斯长大之后决心救出自己的兄弟，他引诱父亲克洛诺斯服下了呕吐药，克洛诺斯最终把他腹中的子女们都吐了出来。

赫拉

赫拉（Hera）是克洛诺斯与瑞亚所生的女儿，也是宙斯的妻子。在希腊神话中，她是神圣的婚姻女神，掌管着婚姻，捍卫家庭。赫拉美丽而尊贵，对待婚姻非常忠诚，她与宙斯生下3个子女。但她的嫉妒心也比较强，常常追杀宙斯的那些情人。

赫拉相关轶事

　　酒神狄俄尼索斯的诞生：赫拉十分嫉妒忒拜公主塞墨勒与宙斯相爱，于是她变成老妇人，怂恿塞墨勒要求看宙斯真身，以验证宙斯对她的爱情。但是凡人一旦注视宙斯就会死，所以宙斯一现出原形，塞墨勒立刻就被闪电烧死了。宙斯从塞墨勒的腹中取出遗腹子狄俄尼索斯，并将他缝在了自己的大腿上，一直等狄俄尼索斯长结实后，才从宙斯的大腿里生出来。

波塞冬

　　波塞冬（Poseidon）是宙斯的二哥，他年轻时与兄弟团结一致，推翻了他们父亲的统治。后通过抓阄划分了势力范围，成为次于宙斯的强大掌权者，掌管海洋中的一切事务。他凶暴残忍，头脑简单，而且能够呼风唤雨。他的武器是三叉戟，坐骑是白马驾驶的黄金战车。

波塞冬相关轶事

　　蛇发女妖美杜莎：美杜莎原本是一个美丽的少女，波塞冬被她的美貌所吸引，与她在雅典娜神庙中发生了关系。这一行为冲撞了雅典娜，美杜莎因此受到惩罚，她的长发变成可怕的毒蛇，让任何看到她眼睛的男人都会立即变成石头。最后美杜莎被珀尔修斯杀掉。

哈得斯

　　哈得斯（Hades）是宙斯的哥哥，主管冥界。他是希腊众神中最神秘的神，性格平和，力量强大，虽然是典型的美男子，但总有一种挥之不去的死亡气息。他喜爱黑色，总是遮住脸和全身。

哈得斯相关轶事

　　珀耳塞福涅：珀耳塞福涅是宙斯和农业女神得墨忒耳的女儿，她被哈得斯绑架到冥界之后，农业女神非常悲伤，于是大地一片荒芜。在宙斯的调停下，哈迪斯答应让珀耳塞福涅回到她母亲身边。但在离开冥界之前，哈得斯诱骗珀耳塞福涅吃了四颗石榴籽，致使珀耳塞福涅每年有4个月要重返冥界，这时候大地上就是肃杀的冬天。

雅典娜

雅典娜（Athena）是宙斯与墨提斯的女儿，她是最聪明的女神，是智慧和力量的完美结合。雅典娜非常勇敢，而且善良仁慈，她虽然是战争女神，却主张和平，橄榄枝是她的代表。雅典娜在古希腊各个城邦都备受崇拜，尤其在雅典。

雅典娜相关轶事

雅典的由来：当雅典建成时，波塞冬与雅典娜争夺为这座城市命名的荣耀。最终他们达成协议：能够为人类提供最有用东西的人，将成为这座城的守护神。波塞冬变出了一匹战马。而雅典娜则变出了一棵橄榄树。因为橄榄树是和平与富裕的象征，而战马被认为是代表战争与悲伤，所以雅典最终就以女神雅典娜的名字命名。

阿波罗

阿波罗（Apollo）是宙斯和暗夜女神勒托之子，他代表着光明，拥有着阳光般的气质，是希腊十二大神中最英俊的男神。他是光明之神、预言之神还是人类的保护神，在古希腊各处都深受崇拜。

阿波罗相关轶事

提洛岛的由来：在希腊神话中，暗夜女神勒托与天神宙斯相爱，遭到了天后赫拉的嫉妒。勒托在临产前被迫出走，天后赫拉命令任何国家和海岛都不能收留她，勒托不停流浪，最终来到一块漂浮的小岛上，这个小岛就是提洛岛。但提洛岛没有地基，宙斯就用四根金刚石柱子把浮岛固定在海底，勒托在这里产下了太阳神阿波罗和月亮女神阿尔忒弥斯。

阿斯克勒庇俄斯

阿斯克勒庇俄斯（Asclepius）是太阳神阿波罗和塞萨利公主科洛尼斯之子。阿斯克勒庇俄斯医术高明，而且心怀天下。特别是在特洛伊战争之后，阿斯克勒庇俄斯担任军医为战士疗伤，于是作为医神得到了后人崇拜。如今在伯罗奔尼撒半岛上还能看到他的神庙。

阿斯克勒庇俄斯相关轶事

阿斯克勒庇俄斯之杖：阿斯克勒庇俄斯的手杖上总是缠着一条蛇，关于这个典故的其中一个版本是：有一次，阿斯克勒庇俄斯把悄悄盘在他手杖上的一条毒蛇杀死了，但是他发现另一条蛇口衔药草，又将这一条蛇复活了。于是这使他想到，蛇既有毒，也具有神秘的疗伤能力，于是以后他行医时手杖上总是盘绕着一条蛇。

希腊神话中相关典故

特洛伊战争

著名的特洛伊战争发生在迈锡尼文明时期，是由一个美丽的女人海伦引起的。海伦是斯巴达王廷达柔斯的妻子勒达与宙斯的女儿，她的美貌冠绝希腊，求婚者踵而来以致内讧争斗，只能通过掷戒指选择，最终选出了斯巴达国王墨涅拉奥斯。然而，他们婚后，海伦遇上了帕拉斯王子，两人相爱了，王子就把她带回了特洛伊城。墨涅拉奥斯非常愤怒，去请求他的哥哥——迈锡尼国王阿伽门农的帮助，阿伽门农联合了起一支大军，去攻打特洛伊。艰苦卓绝的特洛伊战争打了十年之久，最终阿伽门农凭借木马计取得了这场战争的胜利。

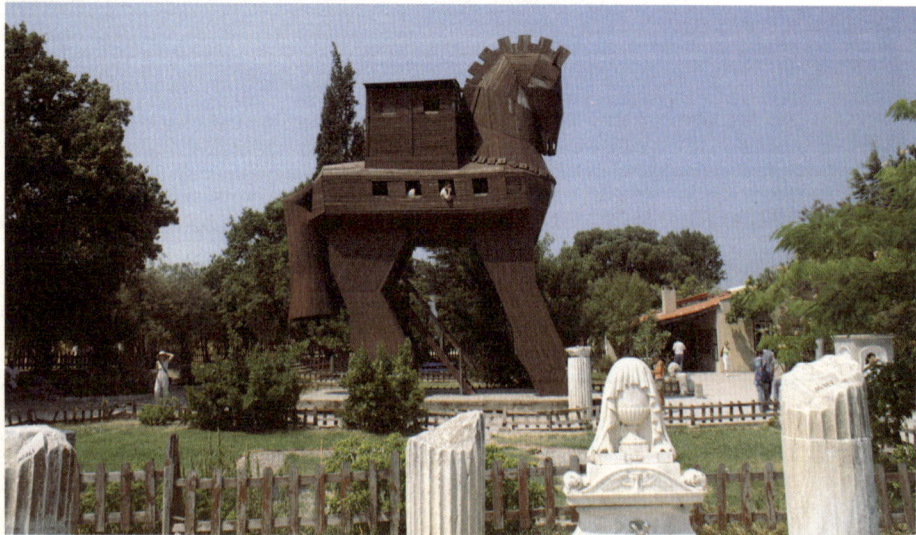

普罗米修斯盗火

普罗米修斯是提坦巨神的后代，他根据自己的身体创造了人类，又教会了人类知识。但是宙斯却让人类拿出最好的东西献给他，普罗米修斯在为人类的辩护时触犯了宙斯，宙斯拒绝给人类火种，于是普罗米修斯从阿波罗的太阳车上盗取了火种。宙斯知道后大怒，他要给普罗米修斯以最严厉的惩罚。宙斯派遣天神用铁链把他锁在高加索山的悬崖上，让他经受烈日和暴雨的摧残，又派了一只鹰每天去啄食普罗米修斯的肝脏。令人痛苦的是，每当这只鹰啄食完，他的肝脏又会复原，就这样普罗米修斯每天要忍受巨大的痛苦。直到有一天，大力神赫拉克勒斯为寻找金苹果来到这里，他射死了嗜血的鹰，将普罗米修斯解救了下来。而为了满足宙斯的要求，半人半马的肯陶洛斯族的喀戎甘愿作为替身留在了悬崖上。

地球之脐

宙斯为了确定地球的中心在哪里，从地球的两极放出两只神鹰相对而飞，他认定两只鹰相会的地方就是地球的中心。终于两只鹰在德尔斐相会，于是宙斯断定这里是地球的中心，并将一块圆形石头放在德尔斐作为标志。如今，德尔斐阿波罗神庙内殿里有一块卵形石，就是这一传说中的神物。它是德尔斐最为古老的崇拜物，也是德尔斐神谕的起源。

克诺索斯迷宫

相传在克里特岛上有个克诺索斯王国，国王米诺斯统治着这片土地。随着国家的强大，米诺斯逐渐变狂妄自大，不再对众神进行膜拜。众神为了惩罚他，让他的妻子生下了一个牛首人身的怪物，名为米诺陶洛斯。为了避免家丑外扬，国王命令工匠建了一座复杂的迷宫，人只要进入这座迷宫，就再也无法走出来。

后来，米诺斯的儿子到雅典参加体育竞赛，遭到雅典国王的嫉妒而被害。盛怒之下的米诺斯一举攻下雅典，并命令雅典每9年送7对童男童女供米诺陶洛斯享用。在第3次进贡时，雅典王子特修斯自告奋勇来到克里特。他勇敢英俊，机智聪慧，赢得了克诺索斯国王的女儿阿里亚娜的芳心。特修斯在阿里亚娜的帮助下杀死了怪兽米诺陶洛斯，走出了迷宫，并带着公主启程回国。